Review of Evolutionary Economics and Economics of Innovation

演化与创新经济学评论

2020年第2辑（总第23辑）

教育部人文社会科学重点研究基地清华大学技术创新研究中心　主办
中国演化经济学年会　协办

科 学 出 版 社
北 京

内 容 简 介

《演化与创新经济学评论》由陈劲教授（主编）与王焕祥博士（执行主编）于 2008 年共同创办、中国演化经济学年会协办，是国内唯一一份致力于介绍演化与创新经济学理论、方法、应用及最新发展的集刊，与国际期刊《演化经济学杂志》《制度经济学杂志》长期合作，演化与创新经济学界的知名学者纳尔逊教授、伦德瓦尔教授、霍奇逊教授、陈平教授、贾根良教授等为本集刊特约编委与撰稿人。

本集刊以“倡导学术创新、彰显学术自由”为宗旨，力求为中外学者就演化与创新经济学的重大理论及其应用问题的讨论与对话提供一个平台，也为展示我国学者的相关研究与思想提供一个机会窗口。

本集刊可为公共政策制定者提供新的视野与借鉴，可供政府产业与科技等管理部门、企业高级技术主管、大学与科研院所的科研管理与科技工作者参考，尤其适合作为管理学、经济学等社科专业的硕士研究生及博士研究生的参考用书，对于想了解和深入研究演化与创新经济学的读者也是不可或缺的参考资料。

图书在版编目（CIP）数据

演化与创新经济学评论. 2020. 第 2 辑：总第 23 辑/教育部人文社会科学重点研究基地清华大学技术创新研究中心主办；中国演化经济学年会协办. —北京：科学出版社，2020.12

ISBN 978-7-03-046945-8

Ⅰ. ①演… Ⅱ. ①教… ②中… Ⅲ. ①经济学-文集 Ⅳ. ①F0-53

中国版本图书馆 CIP 数据核字（2020）第 180069 号

责任编辑：邓　娴 / 责任校对：贾娜娜

责任印制：张　伟 / 封面设计：无极书装

科学出版社出版

北京东黄城根北街 16 号

邮政编码：100717

http://www.sciencep.com

北京建宏印刷有限公司 印刷

科学出版社发行　各地新华书店经销

*

2020 年 12 月第　一　版　开本：787×1092　1/16

2020 年 12 月第一次印刷　印张：8 1/4

字数：193 000

定价：128.00 元

（如有印装质量问题，我社负责调换）

编辑部联系方式：

电话：0086-10-62792422

邮箱：ei_review@tsinghua.edu.cn

摘　要

《演化与创新经济学评论》致力于近些年来在国际学界蓬勃发展的演化经济学以及该理论范式主导下的创新经济学，展现中国学者在这一新的经济学研究范式中取得的进展，为中外学者就演化经济学的重大理论及其应用问题的讨论提供平台。

呈现在读者面前的这本专集收录的论文，内容涉及现代货币理论与改革人民币发行机制问题的深层次探讨、制度及其演化的认知基础、中国经济史研究的时空演化：基于CNKI（China National Knowledge Infrastructure，中国期刊全文数据库）的图谱量化分析、南北市场整合再比较——基于19世纪以来清代粮食市场的量化分析、创新的政治经济学——一个关于“创新反扑”的研究综述、全球化时代下大国间税收博弈及其合作机制研究、地方政府竞争对城市群经济增长的影响分析等理论命题与实践问题。

本专辑突出了国内外广泛关注的演化及创新经济学的基本理论及其在特定领域内的应用等重要学术前沿话题，也与我国制度创新深化与自主创新战略这两大实践主题相呼应。

本专辑可为公共政策的制定者提供学理思考与借鉴，可作为政府科技领域的高层领导、企业高级技术主管、大学与科研院所的科技工作者的参考，尤其适合作为管理学专业、经济学专业硕士生及博士生的参考用书，对于想了解和深入研究演化与创新经济学的读者也是不可或缺的参考资料。

目　　录

现代货币理论与改革人民币发行机制的问题[①]

贾根良[②]

摘　要：本文的人民币发行机制是指人民币基础货币发行机制。本文首先简介现代货币理论（又称国家货币理论），其核心要点是在中央政府垄断货币发行权的条件下，财政开支必须大于税收，也就是说，国家财政必须处于经常性的赤字状态，才能满足经济不断增长对货币供给的需求，否则将会遭受不亚于通货膨胀的通货紧缩之苦，中央政府新增货币发行并将买卖国债作为利率调控工具是美国、日本和英国等国家通行的做法。但与美联储和日本央行主要通过在二级市场上购买国债作为抵押发行基础货币不同，2001 年加入 WTO（World Trade Organization，世界贸易组织）之后，外汇占款迅速成为我国基础货币发行的主要途径，2015 年以来特别是目前外汇占款已不再成为央行资产负债表上的资产项目，但只要我国美元流入大于美元流出，人民币基础货币发行机制的美元化问题就得不到根本的解决。基于现代货币理论、中国困境和历史经验的讨论，本文提出了改革人民币基础货币发行机制的建议，包括修改《中华人民共和国中国人民银行法》（以下简称《中国人民银行法》）第二十九条的建议[③]。

关键词：民币基础货币；发行机制；中国困境；建议

中图分类号：F091　F123

一、现代货币理论的基础原理

人民币基础货币的发行机制问题在本质上是国家财政金融制度的根本性问题。国家货币理论为我们分析国家财政金融制度提供了锐利的武器，因此，为了理解本文在财政金融方面提出的对策建议，我们必须首先简单地介绍一下目前在我国还鲜为人知

作者说明：本文是拙著《国内大循环：经济发展新战略与政策选择》（中国人民大学出版社，2020 年 8 月版）的第十五章，此前从未在杂志发表过，杂志《演化与创新经济学评论》两次提出在该刊发表。本文第三部分“央行法禁止央行直接购买国债是旧制度的遗物”的大部分内容撰写于 2015 年下半年，是新书中没有的，新书中这部分相关内容已经替换为“禁止央行直接购买国债没有历史和理论依据”，但考虑到“央行法禁止央行直接购买国债是旧制度的遗物”具有其独特价值，所以就同意了杂志发表本文的要求。但由于索稿较急，只是做了一些文字修改，不当之处在所难免，敬请指正。

① 本文获中国人民大学“统筹推进世界一流大学和一流学科建设”经费支持（16XNLG08）。

② 贾根良，中国人民大学经济学院特聘教授，教育部长江学者特聘教授。

③ 目前，国家相关部门已对《中国人民银行法》进行了调整，但本文完稿及投稿均发生于调整前。

的现代货币理论。现代货币理论又称作国家货币理论，或者称作主权货币理论（李黎力和贾根良，2012），该理论认为，货币主权是国家最重要的主权之一，它构成了一国财政金融制度的基础和核心。任何主权国家都拥有自己的主权货币，其本质是不兑换的主权政府负债。不兑换货币通常具有法定货币的功能，即被国家认可的能够偿付“所有公共和私人债务”的货币，它是唯一最终被接受的纳税货币。银行货币也可转换成国家货币行使支付清算职能，因此，在现代社会中，银行货币具有与国家货币同等的权利，既可以用来清算各银行之间的债务，也可以用来清算银行与中央银行之间的债务。不兑换货币的使用连接起整个国家的公共支付系统与私人支付系统，不兑换主权货币就成为位于债务金字塔（或债务层级结构）顶端的“权威货币”，是主权国家内部使用的最具流动性的负债。

主权货币理论是对凯恩斯“一个国家，一种货币”的国家货币思想的继承和发展，该理论认为国家税收机制创造了人们对国家不兑换货币的需求，即任何主权国家都有权向其国民征税，并要求税收支付只能使用国家确定的货币单位和货币形态，税收机制背后是一个国家以暴力为基础的国家主权，因此税收创造国家货币价值以及公众对国家货币（包括国家认可的银行货币）的需求，即“税收驱动货币”（瑞，2011）。发行主权货币并实施浮动汇率制度的主权国家能够支付得起任何使用本国货币的购买。

只有私人部门首先将商品和服务出售给政府并获得国家发行的货币，它才可能依法纳税，而私人部门要想出售商品和服务给政府，政府必须先通过财政开支发行流通中所需要的货币，私人部门才能使用其货币；政府征税并不是为其运转提供融资，而是为其作为主权信贷工具的不兑现纸币提供价值。由于主权政府支出在先，并且是不兑换货币的发行者，所以它能够承担得起任何使用其发行的货币进行国内购买的所有支付①，因此，它也不需要向私人部门借债来满足自身对商品、服务及资产的购买。与新自由主义的货币金融理论给人们灌输的观念相反，中央政府发行债券的目的并不是为其开支筹资，而是为整个金融体系提供基准利率，稳定私人债务市场，因为作为货币发行者的中央政府从不需要向私人部门借贷。理解这一点很重要，财政部不能为了赤字开支而向私人部门发行国债，如果一国财政部为了赤字开支而向私人部门借债，这说明其货币发行权已经受到了严重的损害。

国家货币理论认为，主权国家（这里指中央政府）的开支不需要向私人部门借债，只要印刷和发行其不兑换货币就可满足其开支需求，这种货币发行权构成了国家财政和整个金融体系的基础，美国南北战争时期“绿背纸币”（纸币是绿色的）的发行就充分地说明了这一点。1861 年，林肯刚当选美国总统，美国南方就开始炮击北方的军事要塞，林肯不想美国分裂，但南方决意要独立，他被迫捍卫国家统一。打仗要消耗巨大的国家财力，但财政部部长却告诉林肯国库没有一分钱。这时，以英国金融利益集团和美国波士顿金融寡头组成的国际银行团要贷款给林肯政府，但林肯发现，如果接受其贷款条件，即使美国北方打了胜仗，国家也要破产，并像现在的一些拉丁美洲国家一样背负

① 当然，这并不意味着主权政府（只有中央政府才是主权政府）能够过度支出，支出规模受制于一国的内生需求和政府发展本国经济的意愿目标，或更具体说要受到实际资源、通货膨胀和政治意愿的制约。

上永远还不清的债务。怎么办？美国一位州议员建议林肯直接开动印钞机印刷纸币作为战争经费，根本就不用考虑货币发行的黄金基础。林肯政府接受了这一建议，“绿背纸币”就这样诞生了。美国政府规定：除关税外，政府只接受其发行的“绿背纸币”作为纳税货币，这就保证了“绿背纸币”的法定货币地位和人们的被迫使用。“绿背纸币”“凭空”为林肯政府提供了强大的财政基础，为其打赢美国内战立下了汗马功劳。林肯在战争结束后仍奉行“绿背纸币”政策，这就彻底地断了国际垄断金融利益集团的财路，所以林肯遭到了枪杀。

我们在前面已经谈到，作为不兑换货币，主权货币最突出的特征就是中央政府拥有为国民经济体系提供货币供给的垄断权，这是货币发行权作为国家主权的重要表现。在美国和一些国家，中央银行主要是通过在二级市场上购买财政部的国债作为调节基准利率的工具，但财政部发行国债并不是为其融资，而是为市场提供有利息收入的资产。根据《中国人民银行法》，中国人民银行也可以像美国和日本的央行一样通过在二级市场上购买财政部的国债作为抵押发行基础货币，但由于外汇占款成为基础货币发行的主渠道，中国人民银行从没有通过购买国债发行基础货币，在这种情况下，被迫向私人部门借债满足其赤字开支，从而削弱了中央政府的财政基础。

二、法国丧失货币主权的教训

在这方面，法国的教训值得深思。与我国在1995年3月通过的《中国人民银行法》一样，早在1973年1月3日，法国通过了一部史称“蓬皮杜-罗斯柴尔德法”的法律，这部法律禁止法国中央银行通过给其财政部提供透支和直接购买其国债发行基础货币。在这部法律通过之后，与此前法国政府通过向其中央银行无息或低息①出售国债并将之用于建设国家急需的大型基础设施项目不同，“法国中央银行以1%的利率将钱借给私人银行，而私人银行再以4%的利率借钱给国家”（逸尘，2014）。

据经济与金融学者彼埃尔-伊夫·鲁杰容在其著作《对1973年1月3日法律的调查》一书的研究，这部分多出来的额外利息，就是法国今天巨额债务的根源。到2017年底，政府负债已经高达22 998亿欧元，平均每个法国人负债34 265欧元（相当于人民币268 127元）。2017年法国的GDP（gross domestic product，国内生产总值）为2.58万亿美元（22 737亿欧元），而2017年底法国政府累计负债（22 998亿欧元）已超过法国2017年的GDP。正如美国和日本一样，如果法国是主权货币国家，这么高的负债也不会成为问题，但由于法国加入欧元区，其中央政府已经从货币发行者转变为货币使用者，故法国在制度上存在着国家破产的可能。

法国的“蓬皮杜-罗斯柴尔德法”之所以禁止法国中央银行通过购买其财政部国债发行基础货币，其理由是“为了限制国家无节制地借款”，因为“无节制地借款必然会造成恶性通货膨胀”。问题是，这部以“反通货膨胀”为理由的法律出台之前的

① 利息主要是为维持中央银行本身运行的必要支出。

1952~1973年，法国的通货膨胀率仅3.5%，实在看不出制定这部法律的需要。正是在“防止出现恶性通货膨胀”的借口下，新出台的银行法规定，“禁止国家直接向中央银行借款”，国家“必须向私人银行进行有息贷款”（逸尘，2014）。这部法律的出台，彻底改变了法国政府与金融机构之间的关系结构，架空了国家对金融，特别是对货币发行的垄断权，将其移交给了金融利益集团，金融机构在金融问题上凌驾于政府之上。

值得说明的是，《是谁让法国失去了金融主权？》一文的作者认为，“蓬皮杜-罗斯柴尔德法”使法国“在不知不觉之中失去了国家金融主权，引发了一系列影响至今的重大金融与经济后果，迄今已积重难返”，这种看法是不对的。“蓬皮杜-罗斯柴尔德法”只不过是使私人金融机构在与法国政府的斗争中获胜，国家金融主权虽然受到很大损害，但并未丧失，导致今天法国丧失金融主权和财政问题积重难返的根源是加入欧元区。1999年1月1日欧元诞生后，法国与欧盟各国一样都将货币发行权上交给欧洲央行，法国像一国的地方政府一样变成了货币使用者，希腊等国的主权债务危机就是因为它们拥有赤字开支的财政政策却上交货币发行权而爆发的，这是法国及欧元区诸国为了欧元从而让渡货币主权付出的沉重代价。

“一个国家，一种货币”是现代货币理论的基础性原理之一，货币的本质是人与人之间的经济关系。在现代法币制度下，国家财政问题的本质在于能否垄断基础货币的发行权[①]。正是因为这个原因，对欧盟各国来说，欧元实质上是外国货币，欧盟各国没有发行货币的权力，扩大政府开支只能增加税收或借债，存在着债务违约和国家破产的制度性根源；而欧盟中央银行发行的只是交换媒介，没有财政功能。要解决欧元内在的危机，欧元区就必须统一各国的财政，变成一个国家。但这是不可能的，因为欧元区各国经济发展水平的巨大差异和各自利益的不同诉求使其不可能实现财政统一。

如果欧元区不能统一其财政并成为一个国家，间歇性的动乱将不可避免，直到欧元最后消失。国家在一个区域提供公共福利，在法币时代，作为货币发行垄断权的国家财政能力起着决定性作用，缺乏这种能力就无法为所有国民提供公共福利。前几年，意大利、法国和英国曾经掀起风起云涌的“脱欧运动”，但只有英国迈出了这一步。在未来，“脱欧运动”还会兴起，也许10年左右，但一般不会超过20年，欧元将消失。欧元消失后，欧盟作为一个松散的联盟兴许还将存在，但消失仍是大概率事件。

欧元或欧盟的最终瓦解很可能是因为法国的财政税收问题引发的动乱，但也存在着意大利的动乱作为导火索的可能。在历史上，法国大革命就是因为财政危机对第三等级（包括资产者、农民、无产者在内的市民、下层人民）征税而爆发的。法国政府目前背负着巨额债务，较大规模的开支就必须通过征税和借债来融资，无法通过“无中生有”的货币创造机制解决其财政危机，因此，矛盾的积累最终将因其财税问题而爆发大动乱，“黄背心运动”只不过是预演而已，法国的动乱将再次引发其“脱欧运动”，法国“脱欧”将导致欧元最终消失。这一预言的启示如下：第一，国家（市场）规模是大国值得珍惜的优势。第二，欧元消失将会导致重大地缘政治的重组。欧元消失对中国将会

① 以下三段是作者2015年为某部委撰写的报告里没有的，为作者2019年5月的观点。

产生哪些重大影响？我国必须早做研究①。

三、央行法禁止央行直接购买国债是旧制度的遗物

《中国人民银行法》第二十九条的这种规定据说是学习美国等发达国家做法的结果，但是，在美国，联邦政府财政部总是可以通过间接的方式从中央银行取得融资，这与中央银行不独立的情况没有本质区别，这也就是说，在被奉为央行独立典范的美国，美联储实际上是不独立的，中央银行独立是一个伪命题。

从美国联邦储备法禁止美联储直接认购和包销美国财政部国债的历史起源及历史演变来看，美国的这种禁止与避免通货膨胀也没有任何关系，而是与金本位制和布雷顿森林体系有直接关系。禁止美联储直接认购和包销美国财政部国债可以回溯到 1913 年的美国联邦储备法，在当时的金本位制下，由于美国的联邦储备即美元可以兑换成黄金，如果美国财政部可以直接通过出售国债给美联储进行赤字开支，这将形成对美元兑换黄金的盯住汇率制（the exchange rate peg）的威胁。所以，为了保护对黄金的盯住，美国联邦储备法禁止央行直接从财政部认购、包销国债，其目的是禁止美联储的准备金创造为财政部的赤字融资。如果财政部出售国债给市场，那么，市场将不得不使用自己手中的货币交换国债，所以，这将没有准备金的创造，没有准备金的净增加，因此不会威胁其金本位制，也不会威胁到其黄金储备。

但在美国于 1933 年 4 月 19 日放弃金本位制后，美联储就不再需要这种限制。第二次世界大战期间，美联储随时可以购买国债以盯住 0.375%的目标利率，国债大部分出售给了私人银行，美联储也被允许直接购买了一些，但是，美联储随时准备购买国债以盯住低利率。第二次世界大战期间，美国的负债率上升到占 GDP 的 100%，赤字率为 GDP 的 25%，政府开支占到 GDP 的 50%，利率几乎接近于零。第二次世界大战后，赤字率较小，美联储的操作逐渐地演化。银行被允许设立特殊的“税收和贷款账户”（tax and loan accounts）；财政部将持有来自这些账户的税收和国债销售的收入。当财政部想要开支时，就可以将存款从这些账户中转移给美联储。美联储规定财政部在开支票之前要有存款，大多数情况避免从财政部直接购买国债。然而，私人银行总是随时准备着购买国债，为这个账户提供信贷。当财政部需要将存款转移到美联储的时候，如果（私人）银行准备金不足，财政部可以出售国债给美联储或者使用它们作为抵押借入美元。这些程序在美国金融市场上现在是高度发达的，以确保美国财政部总是可以通过美联储为其开支票进行支付，这也就是说，美国财政部总是可以通过间接的方式从中央银行取得融资，由于这种支付系统可以确保财政部发行其国债，所以就没有必要再修改其央行法。

虽然美国的“财政部税收和贷款账户”等制度安排满足了美联储无障碍地为美国财

① 贾根良：《基于现代货币理论对欧美中的三个预言》，2019 年 5 月 18 日作者在第十一届中国演化经济学年会上的大会主旨演讲，发表于《改革内参》2019 年第 25 期。

政开支提供货币供给，但美国大规模的赤字开支破坏了布雷顿森林体系运转的基础，法国、德国等国家纷纷将贸易盈余按照35美元兑换1盎司黄金兑换成黄金，美国黄金储备急剧减少，面临枯竭的境地，美元盯住黄金、其他布雷顿森林体系成员国盯住美元的固定汇率制到了20世纪70年代初就再也无法维持下去了。因此，1971年8月15日，美国尼克松政府宣布不再接受按35美元兑换1盎司黄金的比价从美联储兑换黄金，布雷顿森林体系轰然倒塌。

布雷顿森林体系崩溃后，美国财政部开支不再受黄金本位的限制，也没有维持固定汇率的必要，美国联邦储备法中“禁止央行直接从财政部认购、包销国债”的法律规定已毫无意义，但由于美国的“税收和贷款账户”等制度安排可以确保财政部无障碍地发行其国债，其支付系统运转良好，所以，美国就没有必要再修改其央行法。这也就是说，没有必要废弃“禁止央行直接从财政部认购、包销国债”的法律规定。美国赤字开支的规模也就是国债发行的规模是由美国国会所决定的，财政部无权决定，因此，这不是一个纯粹的经济问题，从根本上来说是政治问题，正如美国两党在债务上限或“财政悬崖”的斗争所表明的。

在笔者看来，美国不会因上述问题修改其联邦储备法是因为另外两个更重要的原因。第一个原因是，如果由美联储直接购买财政部一部分国债，华尔街金融利益集团将损失掉一大块利息收入，这是他们所不允许的。第二个原因是，美国垄断资本利益集团对广大的发展中国家“踢掉梯子”的需要。尽管在1971年之后美联储的“禁止央行直接从财政部认购、包销国债”的法律规定是一纸空文，尽管建立在这个法律规定之上的“中央银行独立”是个伪命题，但这不妨碍它成为一种制度安排和意识形态并发挥作用。制度的面纱在被揭开之前就是真实的制度障碍，它可以通过阻碍人们进一步认知的方式发挥作用。发展中国家常常将此作为发达国家的先进制度经验加以学习；同时为了获得外国投资（例如，这常常是国际货币基金组织贷款的重要条件），发展中国家在进行制度改革的同时，常常被动地接受这一套意识形态。如果发展中国家不能正确认识这种意识形态的本质，这种意识形态就将成为发达国家踢掉发展中国家经济赶超的“梯子”的工具。因为一个国家——特别是发展中国家，如果没有与美国政府相类似的制度安排可以绕开“禁止央行直接从财政部认购、包销国债”这种制度障碍，而经济政策制定者信奉中央银行独立制度的意识形态，并且接受了目前在经济理论界占统治地位的财政平衡的财政观，那么，这种法律规定和中央银行独立制度就剥夺了该国政府运用主权货币为其工业发展和技术创新提供廉价融资的权力，其结果就表现为该国所需资本的奇缺，从而为外国资本控制其财政金融提供了制度条件。

由此可见，在不兑换货币制度下，法国和我国中央银行以避免严重通货膨胀为由禁止央行通过购买其财政部国债发行基础货币的理由是不成立的。在我们看来，各国央行法禁止央行购买其国家财政部国债的法律是金本位和金汇兑本位制的遗物，我国没有必要受其限制。换言之，我国财政部财政开支没有必要再像美国和日本的央行一样全部通过央行在二级市场上购买国债作为抵押发行基础货币，可以直接将一部分国债直接卖给央行发行一部分“无息货币”，因为财政部和央行都是国家机构，国债计息只是形式，其净利息收入最终要上交财政部的国库。但是，财政部在通过财政开支创造货币后，还是应该大部分通过一级市场将国债发售给私人部门，因为按照西方发达国家的经验，国债是央行作为利率调控机制最重要的货币政策工具，央行要通过国债的买卖维持其合意的利率目标，同时它也为私人部门提供了金融投资的机会，因而，国债市场是金融市场重要的基础，决定着金融市场的深度。此外，人民币货币区的建设也离不开国债市场的发展。

四、改革人民币基础货币发行机制的建议

上节从美国历史的角度考察了“禁止美联储直接认购和包销美国财政部国债”的历史起源和存在的特定环境，并从操作的角度对美国如何通过相关制度安排绕开这一法律规定说明了央行独立是伪命题。现在，我们再从比较的角度看一下别的国家。在最新出版的一部宏观经济学教科书中，作者指出，“澳大利亚、新西兰、加拿大和英国等一些主权经济体的央行参与政府债券一级市场，不受法律限制。然而，在实践中，除加拿大外，这些国家的央行对一级市场的参与有限。1913 年美联储成立以来，这一禁令就被写入了美国法律，尽管有时也有例外，如在第二次世界大战期间，当时财政赤字达到 GDP 的 25%”（Mitchell et al.，2019），这种央行可以直接购买财政部发行的国债的最近例子是英国，据 2020 年 4 月 9 日的报道，英国财政部和英国央行联合声明，为了给抗击新型冠状病毒提供资金，英国央行将暂时可以直接货币化政府债务，直到疫情平息。声明中宣布，将扩大财政部在英国央行的透支账户规模，该账户可以上升到实际不受限制的数额，使财政部能够在短期内增加支出，而不必动用英国国债市场①。

综合以上讨论，笔者建议修改《中国人民银行法》第二十九条，使中国人民银行可以直接通过认购和包销一部分国债发行基础货币，这不但将会为中央政府节省相当大一笔公债利息费用，而且将为中央政府为实现公共目标比原有法律规定提供大得多的操作空间②。在修改《中国人民银行法》第二十九条后，财政部实际上仍是在使用一级市场上将大部分国债出售给私人部门这种货币发行方式也优于再贷款和抵押补充贷款等增加基础货币的方式，其主要原因在于两个方面。

首先，财政部无论是直接将国债卖给中国人民银行，还是卖给私人部门，中国人民银行都必须为市场提供额外的货币供给以供财政部开支。财政部赤字支出的结果总是在进行主流经济学“赤字货币化”的行为，将国债卖给私人部门也是如此（贾根良和何增平，2018）。将部分国债直接出售给中国人民银行，不会影响整个金融市场的基准利率体系。主要发达国家的基准利率体系都是以国债市场为基础的，国债市场规模过小，就难以作为定价基准，因此，壮大国债市场对于我国金融改革来说是非常紧迫的工作，但

① https://www.fx168.com/fx168_t/2004/3765978_wap.shtml，2020 年 4 月 10 日登录。

② 在 2012 年春天的“两会”期间，由中国社会科学院法学研究所刘海波起草，并由笔者和江涌、余云辉签名的“关于废除《中华人民共和国中国人民银行法》第二十九条的提案”，曾通过当时重庆大学法学院的全国人大代表陈忠林教授提交给两会，但最后因没有下文而不了了之。其实，当时我们知道这个提案被转交给全国人大常委会讨论的可能性很小，但我们之所以提出这一议案是为了为此留存一个历史记录。

这项工作因为外汇占款受到严重阻碍。

其次，国债市场的深度发展不但可以为广大投资者提供流动性很强的投资机会，而且可以降低国债利率，中国人民银行通过再贷款和抵押补充贷款无法达到这种金融改革目标，而目前通过质押式回购（封闭式回购）的操作方式在二级市场上吞吐国债提供基础货币的数量是极其有限的①，应该加大国债发行规模，降低再贷款和抵押补充贷款提供基础货币的比例，这应该成为人民币基础货币发行机制改革的方向。同时，通过买卖国债吞吐基础货币作为主要的货币政策工具对流动性进行调节也应该是人民币货币政策工具改革的方向。但是，要加大国债发行规模，就必须同时较大幅度减少外汇占款发行人民币基础货币的规模，直至最后将其减少为零，这是人民币基础货币发行机制改革的主要制约因素②。

2012 年上半年以来，由于外汇占款增长速度下降，人民币基础货币发行机制改革的窗口已经打开，但是，中国人民银行并没有通过公开市场业务将购买国债作为增加基础货币供给和提供流动性的主要途径。数据表明，2012 年前 7 个月外汇占款仅增加了约 2 988 亿元。平均来看，1~7 月，月均新增外汇占款不足 500 亿元，较以往动辄三四千亿元的水平大幅下降。2014 年 4 月，中国人民银行口径的外汇占款大幅下滑五成（刘晓翠，2014），自此之后，外汇占款没有再继续增加。伴随着我国外汇占款出现趋势性下降，事实上，基础货币发行方式也出现了很大变化，中国人民银行对货币政策的主动权上升，这就为我国目前进行人民币基础货币发行机制的改革提供了较好的环境。外汇占款特别是其增长速度下降后，中国人民银行先是通过降准、降息增加流动性，并通过中期借贷便利、常备借贷便利和抵押补充贷款等工具对流动性进行调节，然后在 2015 年初重启了通过对商业银行再贷款发行基础货币的途径，但没有通过买卖国债吞吐基础货币对流动性进行调节。

虽然有些文章指出，借鉴国际经验，预计今后中国人民银行会逐渐加大政府性债券购买，以公开市场操作投放基础货币。但这些文章都认为，现在时机还不成熟。一篇文章指出，目前这一渠道并不畅通，主要受制于两个因素：一是国债规模有限。我国记账式国债总量约为 7.8 万亿元，不到央行外汇占款总量三成。二是国债市场交易量小。商业银行和信用社持有国债为 5.5 万亿元，更多出于资产配置而非交易目的，通常持有到期。2013 年国债市场月均交易量仅为 4 640 亿元，中国人民银行动辄千亿元的基础货币操作量，会造成国债市场大幅波动。另一篇文章指出，买卖国债吞吐基础货币，需要一个有足够深度和广度的国债二级市场，否则空间不够，大规模地购买国债将引发利率飙升，推高国债发行成本（聂伟柱，2012）。这两篇文章只考虑到了现有国债存量，没有考虑到通过新增国债发行基础货币的问题，实际上，中国人民银行在二级市场购买或买卖国债的规模可以与财政部在一级市场上发售国债的规模相匹配，就不会造成国债市场的大幅波动和国债利率的提高。国债规模和通过买卖国债吞吐基础货币有一个逐渐发展

---

① 质押式回购的债券所有权并没有发生改变，只是作为质押品，所以不体现在中国货币当局资产负债表上的“对政府债权”科目，而是作为表外科目另行记录。

② 有关这一问题，详见笔者的新著《国内大循环：经济发展新战略与政策选择》第十六章。

过程，中国人民银行使用再贷款和抵押补充贷款等增加基础货币供给而不是买卖国债吞吐基础货币将延缓国债市场的发育。外汇占款增长速度的下降甚至外汇占款的减少为人民币基础货币发行机制的改革提供了难得的历史机遇，如果不抓住这个机遇，将延迟我国金融改革的进程。

参考文献

贾根良，何增平. 2018. 为什么中央银行独立是伪命题？——基于现代货币理论和经济思想史的反思. 政治经济学评论，9（2）：53-68.

李黎力，贾根良. 2012. 货币国定论：后凯恩斯主义货币金融理论的新发展. 社会科学战线，（8）：35-42.

刘晓翠. 2014-06-04. 中国外汇占款锐减 再贷款或成基础货币投放主渠道. https://news.cnal.com/2014/06-04/1401841615371844.shtml.

聂伟柱. 2012-08-15. 外汇占款流动性盛宴谢幕 货币投放渠道或生变. http://finance.people.com.cn/n/2012/0815/c1004-18748300.html.

瑞 L R. 2011. 解读现代货币：实现充分就业价格稳定. 刘新华译. 北京：中央编译出版社.

逸尘. 2014. 是谁让法国失去了金融主权？新民周刊，（5）：68-72.

Mitchell W，Wray L R，Watts M. 2019. Macroeconomics. London：Red Globe Press.

制度及其演化的认知基础：方法与概念（一）[1]

李建德[2]

摘　要：本文先以认知与行为的关系为主线，重新定义了存在、意识与社会存在、社会意识，使存在决定意识、社会存在决定社会意识的命题既是认知科学的结论，又是社会科学的基本研究规则；后以人与物的关系、人与人的关系为主线，讨论了个体基于意向性信念的大脑神经元网络结构涌现，而个体信念则是制度的基础，从而直接建立了认知与制度演化间的逻辑模型，进而提出了生产技术结构、分工形态与制度结构共生演化得以实现的达尔文过程Ⅰ、达尔文过程Ⅱ和达尔文过程Ⅲ的共生演化机制原理。

关键词：认知；意向性行为；神经元网络结构；适应性；制度；达尔文过程

中图分类号：F091　F069

一、认知与行为

人类社会是人类行为的产物。人类历史是人类行为的积淀。文化是人类的创造物。理解人类行为是理解人类历史、文明、文化的前提。社会科学研究人类社会。当代的认知科学对人类行为的形成、变化形成广泛的共识。因此，对人类历史的理解及对社会科学的研究都必须建立在科学的认知基础之上。认知科学成为社会科学研究的基础。

（一）感知是认知的唯一源泉

人类的认知从感觉开始。动物为了适应外部环境的变化，必须先感知外部及其变化。个体的感觉从感觉器官被激活开始。

我们以“看”为例来理解外部感觉的形成。人类的眼睛是视觉器官，“看”到

---

① 本刊自本期开始分三期刊出李建德教授专著《制度及其演化：方法与概念》（格致出版社，2019 年 5 月 1 日出版，125 万字）的精简修订版的论文，其核心观点及其论述与原著作有不同。

② 李建德，男，曾任江西财经大学市场经济研究所副所长、所长，经济与社会发展研究中心主任，经济学院教授，省政协委员，二届江西省人民政府参事。累计已发表成果 170 余项，210 余万字，得到省部级以上优秀成果奖励 15 次。1993 年获政府特殊津贴。20 世纪 80 年代的研究方向主要是微观经济学，从事发展经济学与区域经济学研究，近些年来致力于制度演化方面的研究。

外部事物是从它开始的。以颜色为例。其实，我们看到的不是颜色，而是不同频谱的光波。眼睛有三种锥形视觉细胞来感知不同频谱的光波，并以三原色的形态让个体感觉到灿烂的外部色彩。此外，眼睛还有专门感觉线条的视觉细胞、感觉光亮的视觉细胞等。每一种感觉细胞，专司感觉某一种视感。被外部输入激活的神经元以电波向下一个神经元发出信号。不同视觉都通过神经元细胞通路向脑部处理视觉的脑区传递相关的信号，在该脑区重组成为统一的视觉形象。对同一外部事物，我们还会有其他的感知，如外部相关物质可以激活触觉、味觉、嗅觉等器官。同样，我们感触到的不是软硬，而是物体分子密度的某种表征；我们感觉到的不是酸甜苦辣，嗅到的也不是香臭，而只是分子的某些化学特点，而软硬、酸甜、香臭才是大脑易于处理的信息形态。所有这些感觉经神经元细胞处理后，提供了完整的外部世界的某种具象。个体大脑的外在感知是神经元网络结构的涌现。它不能在没有神经元网络结构的条件下存在。

出现在大脑中的物体，并不是外部世界本身，而是经过感觉神经元细胞和传输神经元细胞处理之后，便于大脑处理的外部世界信息的表征。于是，我们所言说的其实有两个世界。一个是作为人类大脑努力去感知的那个外部世界；一个是经过神经系统处理过的在大脑中存在的外部世界的表征。我们大脑中的那个世界依赖于我们的感觉器官，依赖于人类的大脑系统。但是外部的那个世界，是不以我们的认知系统为转移的，是外部的客观存在。这是不能搞混的。例如，有人发问："在一个原始森林里有一棵大树倒下来了，有没有声音呢？"有人回复道："有声音呀！"发问者会得意地批驳说："由于在那里没有人，所以根本没有声音。因为没有声音，所以，树也就没有倒下。甚至因为没有人，所以，也就根本没有树。"是的，因为没有人在那里，也没有人看见那棵树倒下，甚至没有看见那棵树，所以确实没有人们头脑中的那棵树，也就没有那棵树的倒下。但是，原始森林中的那棵树确实倒下了：如果我们在这个树的周边安放种种传感器，我们就可以知道，即使当时确实没有人，树倒下的事件还是发生了。

个体意识除外部感知外，还有内在感觉和自我意识。内在感觉是因内部器官不平衡而发出的信号在大脑中的表征；此外，它是对外部事物评价的情感及记忆的某种复现，如回忆、梦境和想象等形式的意识活动，也称为内存感觉。这些意识活动虽然不一定以外部的直接刺激为前提，但仍然是大脑中已经形成的神经元网络结构被适当激活后的涌现。人类在共情的基础之上，形成了移情能力、意识自我的能力及行为的意向性等，称为自我意识。

（二）神经元网络的形成

图 1 是一个神经元细胞的示意图。

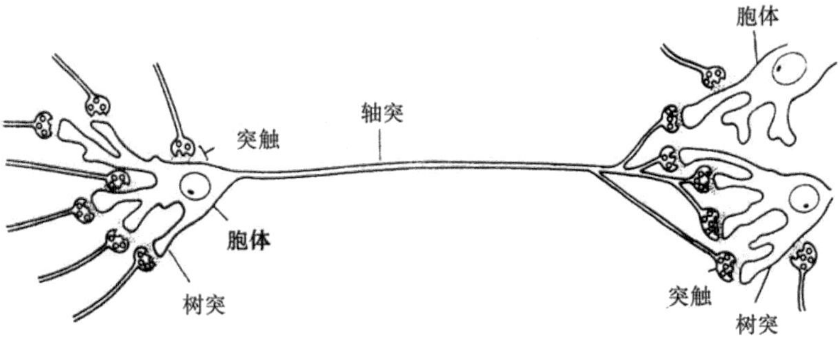

图 1　锥形细胞：胞体、树突和突触

在神经元的细胞体内有细胞核。树突是接收信号的部分，它可以跟无数其他神经元细胞的突触相联结。轴突输出信号，并在末端通过众多的突触与其他神经元细胞形成联系。

一般而言，神经元之间的联系有两种方式。一种是直接联结。这类联结能使电信号更快地在神经元之间传递。但更多的情况不是直接联结，也就是一个神经元的突触与另一个神经元的树突之间存在一定的间隙。在需要联结这两个神经元时，前神经元的突触会分泌某类神经递质，这些化学物的电解性质能使这两个神经元细胞得到联结。这样的联结必须得到前神经元的激发才能发生。如果在一定的时间内没有得到激活，那么它们的联系就不再发生，也由此，后续的神经元细胞就可能死亡。这就是神经元细胞之间“用则联不用则废”的联结原则。

每个神经元要么向后续过程发射激活的信号，要么发射抑制的信号；既不会不发射信号，也不会同时发射两种不同的信号。至于某一个神经元是否向下一个神经元发射信号，是由“神经元联合会议模型”所决定的，如图 2 所示。

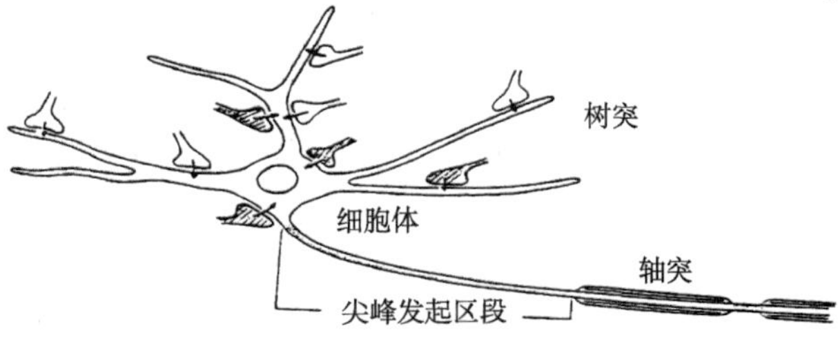

图 2　神经元网络中处于接点的神经元示意图

在图 2 中，与神经元细胞的树突相联系的其他神经元的轴突有成千上万，本图只画了不到 10 个，是一个简化。其中，有阴影的突触表示前位的神经元具有抑制性，空白的突触则表示前位的神经元具有兴奋性。该细胞的轴突有一节尖峰发起区段，该细胞是否会有行为反应，是从这里激发的。在这个神经元中，如果上位神经是激活性的，它的突触就好像在大会中投赞成票的成员；如果上位是抑制性神经元的突触，它在这个模型中就投着反对票。这有点像露天召开工会会员大会，会员们各自高喊着“同意”或“反对”，有些人声音大一些，有些人声音拉得更长一些，有些人可能更接近主席台。声音的或加、或减产生的总结果，就会在该神经元细胞体内形成一个总的膜电压水平。只有当该电压水平积累到一定程度时，这个神经元才会向下一个神经元发射信号。

任何行为都牵涉众多的神经元细胞。在某个行为中所联结的所有的神经元细胞，就捆绑成一组神经元网络。该网络中的每一个节点在行为中都会激发起神经元大会模式，都决定着是否捆绑下位神经元及捆绑的时间点。人类的行为并不是静态的，而是连续的过程，而且，前、后行为的联结必须十分精准，于是必须有先后激活的严格程序。这个神经元细胞的捆绑方式与先后激活的程序，也就是认知模式，也可以称为该行为的神经元网络结构。

神经元网络结构以网络中神经元细胞的数量及网络的层级来衡量其运算能力。在一个网络中，能够捆绑更多的神经元细胞，就能够承担更多的运算。神经元网络有更多的层级就能够进行更为复杂的运算。以“看”的大脑运算为例。

如图 3 所示，从感知到垂直边和水平边的视觉细胞获得的信息，经过运算而有了桌角的表征。通过桌角的表征与桌边长度的表征的运算，大脑获得了桌面是矩形的表征。有了矩形桌面和腿的表征才能运算到桌子的比较完整的表征。其实，对桌子的感知有着更丰富的内容，图示不仅省略了大量的神经元细胞参与的运算，更省略了众多的神经元网络的层次。神经元网络的层级越多，认知的事物才能越复杂。

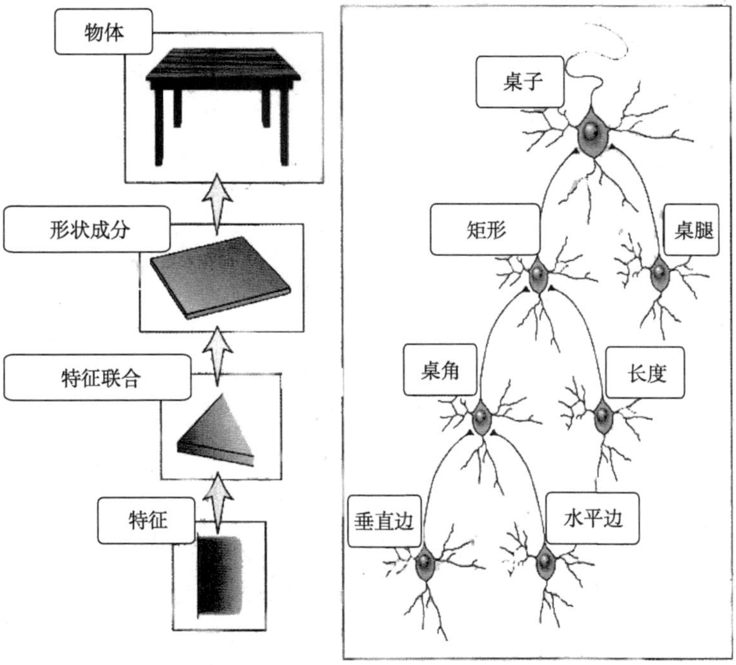

（a）　（b）

图 3　大脑识别物体运算的示意图

科学家曾运用三个杯子组成的套杯进行了行为训练。在训练黑猩猩、矮黑猩猩和僧帽猴时，通过反复的练习都只能达到把一个杯子套进另一个杯子中，而不管第 3 个杯子。其中，只有少数矮黑猩猩能够学会将中等大小的杯子放进大杯子中，然后把最小的杯子放进两个已经套在一起的杯子中，而人类 16 个月大的婴儿也只能够达到矮黑猩猩的行为水平。只有孩子长到 20 个月大，才有能力把小杯子放进中等大小的杯子，然后把套好的两个杯子一起放进大杯子中。这是因为当大脑中还没有形成能够进行组合思考的神经元网络结构时，动物或婴儿就还不具备学会这种组合行为的能力。当人类有 20 个月大时，即当大脑神经元网络形成了足够多的层次时，才能完成上述实验所要求完成的行为。

（三）大脑是预测装置

动物必须能够预测自己的行为后果，否则，不仅无法获得食物，甚至可能成为其他动物的食物。人类在大脑中建构一个易于处理的信息世界，就是为了模拟可能的行为后果，从而提高对外部世界的适应性。大脑不仅是感知系统，更是预测系统。

外部的感知，能够表征环境的种种现状，但是，并不能由此直接得出适应性的行为应该是什么。因为，从已知情况可以有很多种行为选择。初始，动物尤其是社会性动物，会模仿同样情况下母亲或父亲的行为，以降低错误行为可能带来的损失。一旦某种行为获得了适应性的效果，神经系统就会以捆绑相应神经元细胞的方式记住这个选项。以后凡有相近的环境状况时，就会迅速选择该行为意向，这就是兴奋性的神经元系统。

如果面对的是以前从来没有发生过的情景，大脑如何确定行为意向呢？由于人类已经在大脑中模拟了一个相当完整的外部世界，而在大脑位于前额后的前额叶皮层中有一组神经元细胞，承担着“首席执行官”的责任，来评估复杂的因果关系，并“猜”出一个结果。如果这个猜测取得了适应性的行为结果，那么这一组神经元细胞就会成为新的兴奋型的神经元系统。如果这一个行为并没有带来适应性的成果，尤其是导致了灾难性的后果时，这一组神经元细胞同样也会记住这一个结果，并成为抑制性的神经元系统。大脑的预测功能决定了大脑自身必须有发现规律的内在机制，这是人类具有创新功能的生物学基础。例如，当孩子们玩游戏通过游戏关卡时，他们会感觉到十分兴奋。这正是大脑在奖励自身猜测到了某种规律。符号化与语法化的人类语言，使人类大大提升了前向的预测能力，并通过形成相关理论而具有了复杂的逻辑推理，进而形成对未来进行长期规划的行为意向。由此，人类会在存在大量错误意识的同时，也具有了创造人造物的能力。不过，大脑对外部世界的规律猜测得对还是不对，或者以前经过适应性检验的行为在当下是否仍然具有适应性，还是要经过外部世界的适应性检验，而检验的结果仍然只有通过感觉器官输入大脑，才能获知该结果对未来意向性行为的选择应该是兴奋的还是抑制的。

于是，在神经元网络结构中同时有着自上而下与自下而上的双向的激活过程。自下而上的激活过程，是从感觉器官向大脑输送当下外部环境的信号。自上而下的则是大脑根据过去的经验所选择的倾向性结果。大脑经过这样的运算，得到了个体当下的行为信念，而这样的信念通过神经元激活运动器官的活动，就有了个体的行为。信念是动物在不确定环境条件下做出确定性行为的意向。这是在一定的外部刺激下，大脑神经元网络的捆绑方式与先后激活的程序的表征。这是基于历史经验但个体并不一定意识到的选择性决策结果。行为信念的具体表现如下：“感受到 X 情景，将采取行为 A；感受到 Y 情景，将采取行为 B；感受到 Z 情景，将采取行为 C……”

图 4 说明了自下而上和自上而下这两个过程，以及行为的外部结果是否具有适应性对认知的重要性。

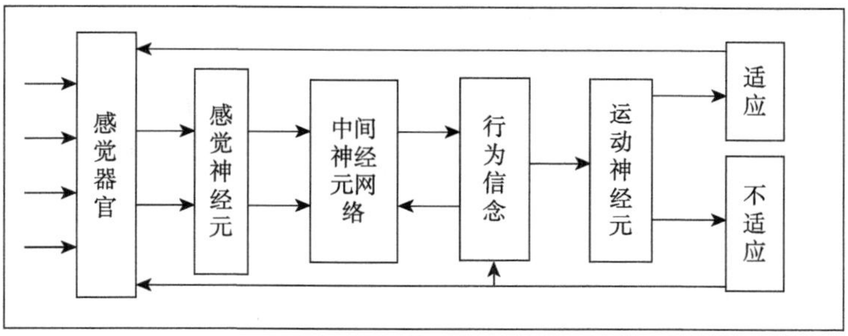

图 4　认知全过程示意图

在图 4 中，自下而上是从外部环境给予感觉器官的刺激开始，该刺激经过感觉神经元进入执行算法的中间神经元网络，从而形成确定的行为信念。该行为信念指令运动神经元给出该意向的行为表现。这种表现如果在外部环境下表现为适应，并令感觉器官获知，相应的神经元网络的捆绑方式与先后激活的程序得到稳固。此后，该行为信念就会成为自上而下神经元网络的起始，类似的输入就会继续按该行为信念。当这种行为不能适应环境时，通过感觉器官的刺激，从而成为自上而下的抑制性神经元。这时，一部分个体会经过反思而得到相关神经元网络的重构，努力形成新的信念，力求形成新的行为信念，以适应外部环境。

（四）个体行为与神经元网络

个体行为都与神经元网络结构相关。

人类有大量的行为是在无意识的情况下做出的，但这仍然是神经元网络结构激活的过程，只是所激活的神经元网络的层次不同。开始学驾车，所有的行为都是有意识的。在这个过程中，同一个行为或许会形成好多种不同的神经元网络，有的是比较正确的行为的神经元网络，有的是不太正确的行为的神经元网络。随着驾车行为越来越准确、越来越熟练，在学习过程中形成的不太准确的行为，甚至是错误行为相关的神经元网络就不再能得到重复，“用则联不用则废”的规则起作用，最后只留下与准确行为相关的神经元网络，而且，其捆绑及激活具有稳健性。这时，驾车的行为就成为无意识的。一旦需要学习一种新车型的驾驶，又会进入有意识的过程。无意识行为只是激活了相对下层的神经元网络，而有意识行为则是神经元网络最高层次被激活的表征。据目前的研究水平，进入意识层次的网络结构处于前额叶−顶叶的部位。

情感是哺乳动物已经拥有的意识活动。情感起着行为指示的作用：快乐类的情感激励着适应性行为；痛苦类、不愉快的情感则抑制着非适应性行为；这些也都是无意识的。神经元网络中自上而下的过程，即已经形成的行为习惯和观念对现有行为的影响，几乎都是无意识的，但都有神经元网络的激活。

学习新行为、产生新的适应性行为是大脑的基本功能。有了这个功能，才使适应外部环境的能力大大快于基因的变异与遗传。学习是有意识的，通过意识的强化作用，形成神经元网络的新捆绑和先后激活的新程序，从而形成新的行为或改变原有的行为，这个过程也是对原有捆绑进行重新捆绑和对原有的先后激活的程序进行重新排序。所以任何学习行为都涉及神经元网络结构的改变。

符号化的并具有语法结构的语言是人类与其他动物的本质区分。人类在演化过程中日益复杂的人与物的关系，尤其是在人际合作中更为复杂的沟通的必要，是语言形成的演化压力。语言的形成需要有相应神经元网络结构的演化。符号化是一个不断抽象的过程，是经过无数抽象层次才能达到的认知。于是，语言符号化的过程也是大脑神经元不断增长层级的过程。形成语法结构，需要长期区分主动行为者和行为接受者的神经元网络的激活，从而有了主语与宾语的结构性安排。在此基础上，不同名词之间的神经元的捆绑、不同动词之间的神经元的捆绑；动词与名词之间联系的相关神经元的捆绑等，才会形成具有推理和逻辑的语言能力。可见，语言是和大脑共生演化的，是大脑神经元数量和层级达到一定规模后的涌现。动物，哪怕是人类近亲（如大猩猩、矮黑猩猩），不具有构成如此复杂大脑的基因，因此，动物学不会人类的语言。而且，每个新生儿出生时，虽然具备神经元的数量条件，但是神经元网络的结构还是远没有达到能够说话的层次。所以，儿童的语言能力也是与他的神经元网络结构的成熟共生演化的。

拥有了符号化并具有语法结构的语言后，人类有了自由思想。虽然人的所有认知要素都来自外部的感知刺激，但是通过语法对符号进行自由组合，就可以产生外部世界不存在的事物或关系的表征。“我吃牛肉”，语法正确，事实也存在。“牛肉吃我”，虽然语法没错误，现实生活中却不可能发生。人类能够在思维中产生出外部世界并不直接存在的概念、判断、观念、理论，甚至是事物。这种重组的可能性并不存在必然的制约。人类的这一能力就是思想自由。这是人类创造活动的基础。人类的思想创造物一旦成为现实，创造了人造物，也就创造了文化。文化的积累就成了社会历史。因此，思想自由是人类的本质因素，其重要意义是怎么强调也不过分。

从神经元网络结构的视角，创造活动的初始是与不同神经元之间轴突与树突的偶然捆绑分不开的。不同的人神经元网络联结的灵活性是有差异的，这是先天的因素。但是神经元要形成新的偶然的联结，只有在相关领域中神经元的轴突和树突的分布密度比常人大得多，形成偶然联结的概率才会更大。显然，每位创新者都需要在他准备创新的领域有更多的观察、更多的实践和更多的思考。所以，任何创新活动都是和后天的努力分不开的，甚至是更为关键的。不同的创新者在什么条件下神经元之间更容易形成偶然的联结，会有各人的不同情况和习惯。但是，一旦神经元出现了偶然联结，即“突然”冒出思想火花，成功的创新者都能够万分警觉，能够牢牢抓住，形成高度的兴奋。在此基础上，进行新的观察，做新的实验，不断进行思考。在这个过程中，既产生更多的神经元网络联结，同时又删除那些看起来不太可能实现的想法的神经元网络联结。更重要的是还要进行种种尝试，把自己的想法付诸实践，并在这个过程中对该事物有更多的思考和感觉，从而使相关的神经元网络更为完善、有效并使联结更为稳健。创新思想是在该过程中形成的新神经元网络结构的涌现。

理性思维是人类独有的意识能力。从个体的思想自由到创造点滴的人类文明，必须依赖对思想自由的产物充满自信而又能审慎行动、善于克服困难的个体。对自己理性产物的过于审慎或者僭越现实的可能是创造活动失败的原因。把握对理性产物自信的度的基本原则是大胆假设、小心求证；对于大型的变革，则更需要以审慎的态度，采取逐步推进的方式。

（五）存在决定意识

意向行为是否能成为稳定的信念，是由其所指向的行为是否具有外部世界的适应性决定的，这是大脑自身对思想自由产物的证伪系统。经过这个反馈，动物的行为信念到此形成。因此，把外界的适应性反馈作为认知过程中关键环节之一，是十分重要的。人类使用语言能够在大脑之外形成无数猜想。对于这些猜想指引下的行为在现实中是否具有适应性，必须经过一套证伪系统的检验。

在认识论哲学（近代称为认知哲学）的漫长年代中，哲学家们对认知提出的无数设问中，唯有马克思提出的认知可靠性的判断方式涉及了认知的根本。这一设问延续到认知科学成长了的今天，得到可靠的、非哲学的答案。马克思提出：存在决定意识。在认知科学中，这个命题中的意识，其定义是开放的，是指人们当下在思考的某个假说，因此在不同的条件下，具体所指可以不同。存在则仅相对于该意识而言，是指该个体意识之外的，能够对个体意识产生影响的整个环境，即自然的物质世界，包括个体的大脑、全部人造物及该个体之外所有其他人过去及现在的意识活动及其物质化成果的总和，见图 5。

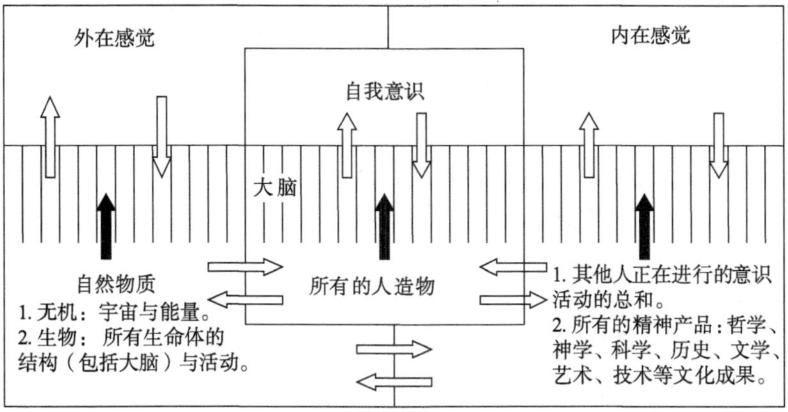

图 5　个体意识与外部世界

图 5 中大脑的小格，意指每个直径约 0.03 毫米的锥形神经细胞束的集合。外部存在的元素都能以一定的信号通过该细胞束进入大脑，这些信号通过大脑中神经元细胞捆绑及再捆绑最终成为网络的过程，而形成易于被大脑处理的表征。个体的外在感觉、内在感觉与自我意识之间也是高度相关的，只是都要经过神经元束的传递，所以图 5 中不再显示联系的箭头。在这张图中，大脑出现了两次，一次是处于意识与外部世界之间，一

次则在自然物质的生物部分中。其实，两处位置却只有一个含义：大脑是介于意识与外部世界之间并作为自然物质的一个特殊部分而存在。大脑并不是意识本身。但是，任何个体意识都无法离开该个体的大脑而独立存在。意识是大脑中神经元网络结构先后激活的涌现。个体的脑死亡了，也就不再有该个体的意识。个体意识中的世界，并不是外部的世界本身，而是外部的输入通过大脑神经元网络结构的形构，成为易于被大脑处理的意识世界。大脑及其涌现的意识是共生的。

是否符合个体之外的现实存在及其演变，是判断个体意识是否具有适应性（或称具有可靠性）的唯一标准。任何个人的行为意向只有符合存在及其演变，才是适应性的预见，以此为基础的行为才可能实现自我预期，才会有适应性行为。于是，存在决定意识。当且仅当创造出新的人造物或者创造出能够影响别人的意识及其物质化成果时，该意识部分地改变着存在；并通过改变了的存在，决定着此后的个体意识。

由此可知，并不存在“先验范畴”。大脑神经元之间基本的联系是由动物的基因决定的，而动物的基因则是动物出现至本物种形成之后全部历史经验的表征，不存在没有经验的基因编码。而神经元之间具体捆绑方式与先后激活的具体程序则是通过动物个体后天的适应性经验“用则联不用则废”而形成的。因此，任何动物包括人的每一个认知，可以表述为，既受先天条件的约束也由后天经验所决定。但绝不是有什么“先验范畴”。

（六）认知他人与共有意识

个体与外部世界的关系中，最重要也是最复杂的是他与其他个体的关系。这种关系又区分为与群体内各个体的关系和与群体外个体的关系。

群体内的动物都会有“认同”的情感。这是对待同一个物种或在社会性动物中对自己所在的群体所具有的情感。没有认同感，就可能有排外感。认同感是认知他人的门槛。

演化为高级灵长类动物后，则会对具有认同感的另一个体产生“共情”。共情是与具有认同感的其他个体的体感，形成“感同身受”。这是无意识的过程。动物行为学家与大脑生理学家通过实验发现，猴子大脑中有了“镜像神经元”，该神经元能对自己认同的其他个体的身体感受产生直接的感应。科学家用大鼠做实验，当大鼠拉动一条链子时，它就能得到食物，但同时可以看到自己的同伴会受到电击，以及听到同伴受到电击时的尖叫和看到其他肢体语言。因此，实验中的大鼠宁可不去拉链子而自己饿肚子。进而，科学家用恒河猴做同样的实验。不同的是，大鼠只是暂时停下而不去拉该链子，过后，只要拉链子不再引起同伴受电击，它就会恢复拉链子。在恒河猴的实验中，一个恒河猴5天没有拉链子，而另一个足足坚持了12天，宁可自己饿肚子。这正是镜像神经元使一个个体的大脑对其他个体的身体形成了感应。

人类则进而演化成了“镜像神经元系统”，对他人身体的境遇有了更丰富的同感。镜像神经元系统使得人类个体与他人之间的界线变得模糊不清，即个体的利己与利他之间的界线模糊不清。在上述的实验中，大鼠和恒河猴，对彼此的肢体语言十分敏感，而自己不想听到痛苦的声音，不想看到同伴受电击的肢体语言。这是利己还是利他？一个母亲安顿好吵闹不休的孩子，使他安静下来，是利己行为还是利他行为呢？此时使孩子安静下来，不仅是利于孩子、利于自己，还有利于周边所有相关的人。

在镜像神经元系统基础上的共同生活经验，能够对彼此的行为意向及实现目标的手段产生共识，个体认知他人的能力就能达到同情的层次。就个体而言，这是在儿童时期通过与成人间的联合注意等过程逐步演化而成的。同情和共情的最大区别就是个体会采取行动，以解决对方的困境，这种行动就是帮助。人类成长阶段的这个过程也是与个体的语言学习过程共生的。

正是这一系列的演化过程，使人类不仅发展了哺乳动物尤其是灵长类动物已经具有的基本情感，还形成了基本的社会性情感。社会性情感是人类个体的社会性基本特性。

个体的同情与帮助为模仿能力提供了心理基础。模仿避免了个体试错的高昂成本，大大减少了个体为形成适应性行为的试错过程。人们在形成第一轮的行为信念时，多是模仿自己父母、兄弟；进入社会后，则会模仿同学和朋友，更会模仿社会中的成功者，模仿一切在他看来具有适应性的行为，这个过程也就是他的社会化过程。这种学习方式是不同于个体学习的社会学习。

个体的自我意识是与认知他人的能力共生的，而认知他人的能力也是与学会具有语法结构的语言共生的。人的社会性、语言能力都是与他的神经元网络结构共生演化。通过包括语言在内的互动与沟通，各个体之间得以校正自己的认知。设想第一次进幼儿园的小朋友，是由妈妈带去的。在他看来妈妈就是每天早上叫他起床、给他穿衣、给他做早饭，长得特别让他习惯模样的女人。但在幼儿园里，他发现其他人并不叫自己称为妈妈的人为妈妈，而是称呼不同的人为妈妈。这让他吃了一惊。在交往中，他逐渐明白妈妈不是特殊的、具体的人，而是一种人与人之间的特殊关系。这样，他对妈妈这个词的理解，就和其他人对妈妈这个词的理解越来越相同，达成了共识。

不同个体间的合作会形成共有信念，在共有信念基础上能形成共有意识。共有意识的存在，意味着这部分个体的大脑中在相似情境下的激活的神经元网络是同构的。共有信念会导向共有的意向性或集体的意向性，并最终导向集体行动。共有意识构成了社会意识形态和文化传统的基础。

（七）社会大脑

每一个动物都有自己的觅食知识结构，但是同一个物种的知识结构是相同的，至少是相近的。人类个体却在分工中积累和发展着不同的知识，社会的知识总量由不同个体以分布的形式掌握。知识的分立是人类独有的现象。社会知识总量赖以存在的神经元网络结构的总和可以称为社会大脑。这是人类认知能力不断演化至现代智人后的新阶段。社会大脑并不是真实存在一个超级大脑，而是存在于各个体大脑中的神经元网络结构的总和。社会认知是经过不同个体之间的互动而得到整合的，把各个体的大脑联结为社会大脑的则是这些个体之间互动所形成的制度结构。

整个社会的劳动生产率是由社会大脑的总体所决定的。随着社会大脑所容纳的知识总量的上升，人类的劳动生产率日益提高。社会大脑的扩张是人类劳动生产率不断提升的根本原因。

个体大脑只是社会大脑中极其微小的组成部分。于是社会大脑远强于任何个体大脑。任何人造物，如机械、电脑等在力量上或智力上远远超越个体的相应能力。这是因为任何人造物都是部分社会大脑的凝聚。如果现在还有什么人造物没有超越最强的个体，那也只是时间问题。但这并不意味着某个人造物能够超越人类整体。个体在劳动生产过程中运用越多的社会大脑部分，如机械设备等，那么该个体就会有越高的劳动生产率。于是，分工越是发达的国家，社会大脑的总容量也就越大，这个国家或这个历史阶段该群体的劳动生产率就越高。这是先发展国家的个别劳动者，比发展中国家的个别劳动者有更高生产率的基本原因。

个体的生存不仅依赖自己的生存技能，还必须依赖社会的合作，必须依赖社会大脑的支持。因此对人类社会的研究不仅需要分析个体层次，更必须研究各类群体层次。社会科学与自然科学的研究中有一个重要的区别，自然科学是在不同的学科中研究不同层次的事物，而社会科学则必须结合着多层次现象进行综合的分析。社会科学研究只能从个体出发的方法，得不到认知科学的支持。在不同的研究项目中以相应层次的研究为基础，则由所分析的具体问题所决定，一般还需要与上层次与下层次的分析相结合。

强调社会大脑的重要意义，并不意味着轻视个体所拥有的知识，更不是否定个体知识的重要意义。个体所拥有的知识在社会大脑中占据怎样的地位，从而真实地成为社会大脑的有机构成，这就决定着他能否参与社会合作，以及在社会合作中处于什么地位，而这一实际的地位，也就决定着他在社会总体利益的分配中处于什么地位。所以，个体不仅要通过社会化过程使自己融入社会大脑的一个部分，更需要不断努力拓展自己的知识领域，尤其需要发展自己所独有的认知。在社会中最具独立性的认知就是通过创新而形成的新概念、新方法和新思维。

（八）社会存在决定社会意识

“存在决定意识”是就个体而言的。个体认知所形成的行为意向，或意向行为大体是稳定的。即使存在犹豫不决，最终总得有确定性的行为，包括不作为。

在社会大脑中存在着多种群体意识。这些群体意识存在着各种区别、差异甚至对立。因此，对群体意识更有必要判断其适应与否或可靠与否。

社会意识是指在一定情景中，需要分析其产生原因或判断其正确与否的已经形成或正在进行的共有意识。共有意识是不同个体的大脑中同构的神经元网络结构的表征。社会意识可以是指社会中全部共有意识的总和，也可以是指其中某些或某个共有意识。对于已经形成的社会意识还往往以哲学的、文学的、艺术的、技术的、科学的、宗教的等文化形态而存在。

社会存在是已经被指认的社会意识之外的全部现实的存在，包括自然的物质世界、全部人造物及在该指认的社会意识之外的和该指认的社会意识之前已经存在的全部社会意识。

存在决定意识，而不是意识决定存在；社会存在决定社会意识，而不是社会意识决定社会存在。只有符合存在与社会存在及其演化趋势的个人意识和社会意识才能对存在有比较准确的预测，在该预测下的行为，才有比较大的实现可能。具体如图 6 所示。

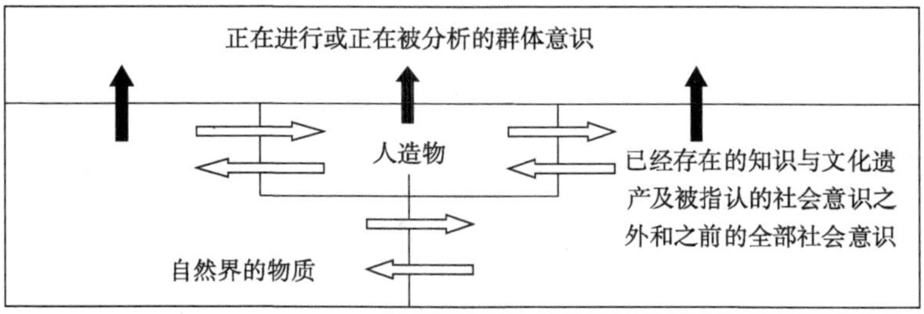

图 6　社会意识的形成

如图 6 所示，粗线条的上部分是定义中的社会意识；下部分则是相互关联的社会存在的三个部分。其中“自然界的物质”和“人造物”都具有物质形态。但是人造物不仅隐含着我们已经认识了的自然物质及其性质，还是人类思想自由的创造。所以，这两者在形成社会意识的过程中的作用是十分不同的：人造物比自然物质更为重要。第三部分是以非物质的形态而存在的。

社会意识这个概念的内涵与外延不是固定的而是开放的，使用时需要具体问题具体分析。需要分析的是该意识在什么条件下才产生，该意识如何反映该意识形成时的社会存在。由此，当外部环境，即产生该意识的社会存在发生变化时，是否仍然具有适应性？这是判断社会意识是否可靠的基本原则。不过，一旦群体意识已经形成，就成为社会存在的一个部分。在动态中，不再有存在与意识、社会存在与社会意识的严格区分。社会结构的各部分之间是共生演化的。

群体意识的适应性，会表达为该群体的利益是否增长，是否提高了该群体在社会中的适应性。然而，对这一部分利益群体而言，也有短期利益和长期利益的不同；长期利益比短期利益更为重要。这是静态分析。由于变动的历史地位，不同群体在历史演化中的作用是不同的。处于上升时期的社会群体的利益增长，推动着社会的发展；相反，处于历史地位下降时期的社会群体的利益增长则在滞阻社会的演化。然而，必须要有关于长时段的历史理论才能对此给出比较准确的判断。

即使有了这样的理论，也会因为社会现象的多因多果的复杂性，依据一定的理论做出某个判断，到该判断真实的现象往往需要某个甚至很长的过程。某种判断是否正确都只能是事后的。正因为如此，谨慎行为并不断反思就显得尤为重要。

存在决定意识，社会存在决定社会意识的原则，是从认知科学中关于认知源泉的基本假说，并不是具体判断什么意识或什么社会意识是正确的操作性定义，而是解决这类问题的程序性规范。

（九）认知科学的历史观

有比较，才有优劣。最适合对学术思想体系进行比较的分析框架是“科学研究纲领”。任何重要的学术思想体系，都是科学研究纲领。每一个科学研究纲领都有该学术思想成员共同认可的研究规则集合，并成为该科学研究纲领的硬核。该硬核也就是该学术共同体所有成员不可动摇的共同信念。同时，运用该研究规则集合于现实世界所形成的一系列假说，则构成了该科学研究纲领的外围保护带。该学术共同体成员会对保护带中的每一个假说被动甚至主动地进行证伪检验，并适时调整外围保护带，并在持续解释新鲜现象的过程中，捍卫并硬化科学研究纲领的内核。凡不能适时调整外围保护带，从而只能解释过去与现有的事实，不能正确预见事物的发展及不能预见到未来出现的事物，则是一个退化中的科学研究纲领。当出现一个新的科学研究纲领时，其所能解释的范围更为宽广，其所能预测的事物更多或更为准确，那么就会有更多的研究者接受该科学研究纲领。随着同一学科的研究人员中信奉新的科学研究纲领的人不断增加，而信奉原有的退化的研究纲领的人日益减少，最终一个退化的科学研究纲领被另一个科学研究纲领所取代。

认知科学历史观是一个科学研究纲领。该历史观力求把社会科学的研究建立在认知科学对行为信念的研究之上，并运用演化理论与自组织理论等其他在自然科学界已经成熟的研究方法，对人类社会进行研究。认知科学历史观的特点之一是其内核有一个也只有一个核心，这就是认知科学的历史观的元规则：存在决定意识，社会存在决定社会意识。

因此，这个研究纲领不论在研究规则还是在外围保护带上均具有最大的包容能力：一切经过证伪检验从而能反映社会存在的研究方法和认知，都能够转化为该科学研究纲领的有机部分。认知科学历史观的科学研究纲领需要在社会演化的过程中通过实践获得新知而得到调整，其中包括吸收人类一切的文明成果并随着各学科的学术发展而发展。

以认知科学历史观研究人类社会有着重要的意义。

1. 坚持一元论

坚持认知科学历史观的信念，就能坚定地对社会进行科学方法的研究。在学术界中流行着理论认知的两元论。在两元论者看来，自然科学与社会理论是完全不同的两种理论体系。自然过程是全称命题，是会不断重复出现的。例如，说“乌鸦是黑的”，就是“所有乌鸦全是黑的”。这样的命题才具有“可证伪性”，即只要发现一只非黑的乌鸦，就能证伪该命题。自然科学就是由这样的命题所构成的体系。社会理论的对象是人与相关的事件，只能是单称命题，如“拿破仑死于1821年5月5日”。既然是不重复的命题，就不具有可证伪性，也就不具备科学研究的基本要求。其实，宇宙大爆炸就是单个的事件。然而，早就有一门自然科学研究这个单个事件，称作宇宙论。虽然宇宙的出现及其演化是单个的事件，然而，其中大量的物理、化学、生物等的事物是不断地在重复出现；虽然太阳系的出现是单个的事件，而宇宙中恒星系在不断出现。通过对这些重复事件的研究就能逐步上升为更高层次的认知，使我们有能力创造关于宇宙演化的理论。人类社会也确实是单个的事件，但是人类社会中的家庭、市场、自治组织、国家和企业这样的制度在不同的地区、不同的时间中反复出现。因此对这些现象就能够进行重复性的检验，完全符合科学研究对象的要求。在此基础上，还能够提升到更高层次的对人类社会演化的规律性认识。因此，认知科学历史观的社会科学研究，首先是，也主要是这些对象。

既然社会现象中的基本过程具有可重复性，那么，社会科学同样能够对社会的基本事件进行预测。不同学科对自身研究对象的可预见性在精度与跨度上会有不同，甚至有比较大的不同，这在自然科学的不同学科中也存在。这只是预测的精度和预测的时间跨度上的区别，而不是可预测与不可预测的区别。实际上，大脑本身就是一个预测装置，尤其是一个进行人与人关系及其变动的预测装置。

坚持认知科学历史观的元规则并努力避免理性对现实的僭越，才能正确认识社会的内在机制，并发现人类历史的规律性，并在一定程度上预见人类社会的未来。

2. 理论的自洽与统一

至今为止的社会科学研究纲领，都是以哲学命题作为公理假说，并在此基础上进行相关分析的。虽然具有哲学的品味，具有自圆其说的品格，但不具有可靠性，不具有科学性的品格。正因为这些命题自身还需要被证明，所以也就不能起到元规则的作用。所以，此前的社会科学的研究纲领，虽然有内核，却没有元规则。在认知科学历史观的社会科学研究纲领中，元规则是存在决定意识，社会存在决定社会意识。这个元规则决定着内核中所有其他研究规则的取舍，并逐一经过科学的论证，这就有了根本的自洽性。

真实、全面并动态地遵守存在决定意识、社会存在决定社会意识的研究规则，认知科学历史观的科学研究纲领就能够始终保持进步的特征；然而，一旦不再遵守这个规则，某个具体的认知科学历史观的研究纲领仍然可能退化。

在当前条件下，认知科学的历史观特别需要在社会科学的学术体系中排除哲学命题：务必把学术体系中的这类命题通过科学的论证而成为科学命题；在还没有做到之前则宁可弃用。

神学、哲学和自然科学是人类理论认识的主要形态。即使是神学，在人类认知积累的历史长河中也曾经起过重要的作用。我们十分重视哲学史和哲学家的思想成果。哲学知识的积累，使人类的思辨能力得到不断的提升。至今，哲学史和哲学著作都应该成为青年学者锻炼自己思维能力的基本教材。但是，一旦自然科学成熟后，哲学命题就再也不能在科学的命题体系中。某些自然科学家还是自然哲学家，甚至有些自然科学家信奉某种宗教，会有他的神学观，但是在他的科学表述中是不能含有神学命题和哲学命题的。否则，学术群体就不会把这样的成果列为科学。今天认知科学已经为科学的社会研究提供了坚实的基础，因此在打造今天的社会科学体系时，同样要排斥神学的和哲学的命题。

认知科学历史观的研究纲领的研究规则，是科学的一元论，不能是科学与哲学的二元论，更不能是科学、哲学与神学的三元论。

二、人与物的关系

认知科学历史观，坚持存在决定意识、社会存在决定社会意识的元规则。不论是个体还是群体，其外部存在的基本部分是物质世界。人与物之间的关系是第一位的。个体意识中很大部分也是对该存在的适应性反应。

（一）稀缺及其适应

人是生物。生物界与非生物界的基本区别是与外界的关系。非生物也就是无机物，这类物品如果与外界发生物质流与能量流的交换，这个物体就会发生物理的、化学的变化，从而不再是自己。生物恰恰必须与外界进行有序的物质流和能量流的交换，才能继续作为生物而存在。生物新陈代谢并得以繁殖的微观基础，是染色体中的 DNA 分子的复制，见图 7。

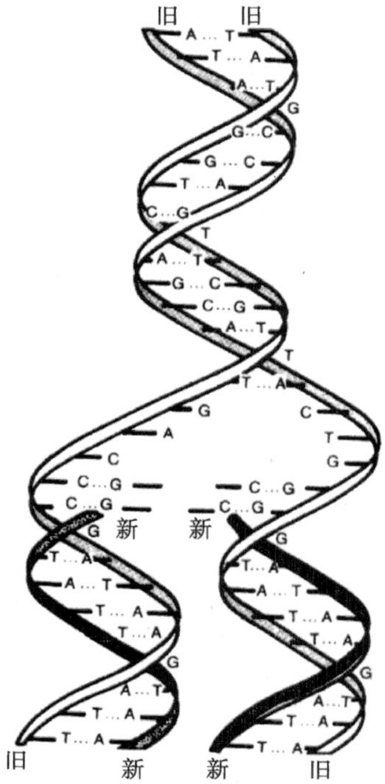

图 7　DNA 的双螺旋结构

图 7 中所显示的DNA分子由两条长长的脱氧核苷酸链作为基本骨架，在其内侧有 4 种碱基分子，分别是腺膘呤（A）、胸腺嘧啶（T）、鸟膘呤（G）和胞嘧啶（C）。这 4 种碱基分子的不同组合就成为遗传密码。由于化学动力学的原理，一条链上的 A 总是

与另一条链上的T、一条链上的G总是和另一条链上的C相互配对。当配对的分子之间的化学键分开时，并与新的相应分子形成新的配对，而配对的同时，相应的脱氧核苷酸之间也联结成长链，DNA就被复制了。这是生物繁殖的微观基础。

凡要复制，有机体就必须获得相应的物质与进行化学反应所需的能量。这是通过生物个体的新陈代谢而获得的：植物通过光合作用；动物需要进食并排泄废物。生物在演化中已经形成了无数的物种，每个物种又有浩瀚的个体，每个个体都要新陈代谢，不可避免就会导致资源和能量在一定时间和一定地点中的竞争性使用。竞争性使用是指同一物质和同一份能量被某一生物利用了，其他生物个体就不能再利用。物质与能量的竞争性使用，正表示了这些物质与能量稀缺。生物个体因外部而引起的种种问题，最基本的就是物质与能量的稀缺。其他问题都是由该基本问题所引起的在不同层次上的表现。直到晚近才演化成的人类更是如此。对于人类而言，稀缺是普遍存在的环境条件。

稀缺对人行为的约束是普遍的，但在不同的时间、处于不同的地点、对不同的人，其约束的形态与程度各不相同。在采集-狩猎生计时代与以农耕为生计的时代中，基本生活资料对人类行为的约束是不同的；在中国的北方与南方，对雨水的依赖程度是不同的。更重要的是稀缺对人们是在不同层次上产生行为制约的。因为稀缺，才会有生产；生产成本会诱发偷盗；有了偷盗就必须有产权和产权的保护；私人产权保护，会兴起相关的法律研究。个体保护产权不仅出现了效率问题，还会有外部性问题，于是就有了警察与军队。法律在解决所有问题时需要公正与正义，而公正与正义的问题归根结底是由稀缺产生的，理解并处理好公正与正义也就需要从稀缺及其效率入手。所以，不能因为人类所面对的众多问题并不与稀缺甚至与物质没有直接的关系，就否认稀缺对人的行为的约束具有普遍性。稀缺是决定至今的经济学甚至社会科学这一类意识或社会意识的存在或社会存在的基本特征；或者说，稀缺是经济学甚至是社会科学的前提。存在与社会存在自身的复杂性和永恒的演化是稀缺的相对性、由稀缺产生的约束有层次不同的根本原因。因此，稀缺是历史性的概念。

稀缺对人类如此重要，就需要对稀缺进行量度。稀缺度是用以表达资源稀缺程度的概念。稀缺是相对的，是在比较中形成的：如果一种资源与另一种资源相比更为稀缺，可以说这种资源具有更高的稀缺度。在只考虑一种资源时，分布越是均匀，一般而言并不稀缺；而分布越不均匀就局部而言则越稀缺：由于气体分子的布朗运动，在同一高度时氧气是均匀的，一般而言，我们不会感到氧气是稀缺的；而在垂直高度上，氧气的分布是不均匀的，越上高地，越能体会到氧气的稀缺。于是，可以用具体对象在现实中的分布函数的特征来表征该物品的稀缺度。对两种不同物品的稀缺性的比较，可以分析每种物品被替代的能力：越是能被替代的物品，对它的需要会因替代物的存在而降低，所以它的稀缺度相对较低；越是不能被替代的物品，对它的需要无法转移，它的稀缺度相对越高；显然，原来不具有被替代可能的物品，现在有了替代的新方法，那么，其稀缺度是下降的。同样，一种原来不能替代其他物品的物品，现在有了替代其他物品的新方法，那么，其稀缺度是上升的。所以，可以分析对象的可替代性的状况及其变化来比较两个物品的稀缺性或稀缺度的变化。在使用替代品的时候，显然是把稀缺度更小的商品去替换稀缺度更大的商品，这样才能减少我们对稀缺的约束。在这个意义上，能够替代别的商品的物品成了这个商品的机会成本，并可以使用不同对象的机会成本差异来衡量对象的稀缺度。当一种商品在一地能够替代大部分物品时，该物品成了该地的货币；用货币作为该物品的机会成本时，就是该物品的价格。一个物品的价格相对比原来更高了，显示该物品的相对稀缺度上升了，反之，则是该物品的相对稀缺度下降了。

在社会科学中，主要由经济学研究人与物之间的关系，虽然经济学更应该多地研究人与人之间的关系。在面对稀缺时，生物的适应性行为在稀缺条件下最具生存与繁殖可能的行为，这是一个动态的过程。人们并不知道什么才是最具生存与繁殖可能的适应性要求，只是在不断的试错过程中达到既存的适应性：在生存压力越大的情况下，行为就会越趋向达到“最具生存与繁殖可能”的行为；当生存的压力不太大的时候，则行为会比较偏离该状态。由于这种行为模式主要是经济学在研究，所以，具有“趋（收益最）大、趋（成本最）小”行为模式的人被称为“经济人”。

（二）生产及其结构

上述是人与物之间的直接关系。这基本反映了生物及人类在远古采集-狩猎生计社会中的状况。进入农耕社会之后，人类的这种关系发生了重要的变化，即有了生产。

人们固然是为了生存的需要而生产，但是，并不是凡需要的都生产。生活饮用水在很长的历史阶段中并不生产；而日常呼吸所需的氧气，至今也不是生产的。人们只生产需要而又稀缺的物品。生产是通过人的劳动，改变劳动对象的形态以满足需要的过程。

生产过程需要对自然物质有了比较深刻的认识才能发生。生产是劳动者运用自身技能，充分利用某种或某些自然现象，并改变对象为产品的过程。

个体能够从事生产必须形成一定的智能水平，从而拥有了生产技巧。这在采集-狩猎生计中就是需要的。技巧是指生产者为实现具体目标而发生的一组有序、连贯而协调一致的行为能力，通过神经元网络的特定捆绑及其先后激活的程序所形成的连贯的行为信念而得以实现。

能够完成相同劳动生产过程的人，有着同构的大脑神经元网络结构。这正是生产者们“集体记忆”的生理基础。结构相似并不是完全相同：有的做得更好，有的做得稍差。他们的能力是正态分布的。做得好的个体，完成同样工序所消耗体力少，完成时间短，做工更完美。这样的工作形态就成为大家模仿的对象。

人的技能与一定的工具或机器相结合，构成了生产技术或简称为技术。如果生产者使用的工具和机器并非他个人当下的生产物，那么，尽管只是他个人在操作某个生产技术，其实已经超越了他个人，是包括了社会大脑的某一小部分的社会化合作生产。

当出现大机器生产的时候，不但有着更多的机器、机器的规模更大，而且若干台设备结合进行连续的生产过程，通常需要很多人同时工作才能操作。这样的生产系统就是一个更大的社会大脑部分。于是，这样的生产技术结构拥有更高的劳动生产率。

在这样的生产过程中，需要有各种投入物，并通过该环节产生新的（或更多）物品。由于投入物的种类繁多，对不同生产过程就无法进行效率比较。由于所有的投入都有了以价格所表示的机会成本，即该投入物的稀缺度的表征，就有可能把投入的社会资源按所有者进行归类与加总，这就是生产要素。生产要素是作为投入物用于生产过程的社会资源的概括。在农耕社会中有了初级生产要素，即劳动与土地。在工业社会中的生产要素有劳动、土地与资本。这样的分类依据的是投入物所属的社会成员集团。因此，生产要素这个概念有着人与人之间关系的内涵。

单纯就人与物的关系而言，一个生产单元，不论是手工业者，还是机器化大生产团队，只要有非自身要素的投入，就意味着有着其他人的知识与劳动的参与，是合作的生产形式。但是，并不是任何合作生产或合作生产的扩大都是适应性的。只有当合作生产带来了效率的提高时，合作或合作的扩大才是有效率的，具体表现为外部的投入在总成本上升的同时，平均成本能够下降。分摊成本的两个基本途径：分摊到足够多产品上去的规模经济和分摊到更多不同产品上去的范围经济。平均生产成本下降，能够以更低的价格销售，从而取得市场竞争力。更先进的生产技术结构，以及使用该生产技术结构达到更大的规模经济与范围经济，是产业竞争力、地区竞争力或国家竞争力的基本源泉。

（三）适应的过程

外部环境总存在稀缺，只要稀缺度不发生变化，那么适应模式就可以是固定的。然而，环境中的条件并不是固定的，生物不仅需要适应稀缺，更需要适应稀缺度的变化。包括人类在内的生物，在进行行为选择时所面对的难以确定或不可确定的由外部稀缺性及其稀缺度不断变化所引起的事件的总和，称为不确定性。

基因及其演化是任何生物应对外部稀缺变化的不确定的方式。由基因的随机变异、自然选择和由基因携带的适应性的遗传所决定的生物演化，称为达尔文过程Ⅰ。达尔文过程Ⅰ是生物在若干代际的生长过程中处理外部不确定性的解决方案。

基因虽然十分稳定，能在细胞分裂时精确地复制自己。但这种稳定性是相对的。偶尔会在复制过程中，发生碱基对组成或排列顺序的改变，在某个位点上出现了突变基因并替代了原有基因，新的基因使生物出现了祖先从未有的新性状，这些性状可能是不良的，会引起遗传病，还可能造成死胎或出生后夭折；也可能是良性的，并提升了生物体在环境中的适应性。

自然并不是对基因进行直接的选择，而是对生物个体的性状进行选择，是通过生物性状在环境中是否具有生存与繁殖的适应性进行选择。为了区分这两者，把遗传物质称为基因型，把生物由基因所决定的性态及其功能称为该基因的表现型。

如果突变基因或由突变基因所参与的基因组的表现型在环境中更具有适应性，那么该基因在该物种中个体分布的比重就会增加，而被替代的基因的比重则会下降。环境选择的是生物的表现型，但生物的遗传物质是基因，而不是其表现型。该物种中突变的积累，会导致该物种原有基因的归零并有相应性状的改变，甚至出现老物种的消亡和新物种的出现。

神经元网络结构的演化是动物适应环境中稀缺度变化的不确定性的另一种方式。动物尤其是哺乳动物（当然包括人类）的大脑神经元细胞，其轴突向目标局域的随机延伸，与目标局域中某个神经元细胞的某个树突以“用则联不用则废”的方式形成神经元网络结构。同一物种的不同个体在相似的环境中的相似行为，意味着有着相似的神经元网络结构，或称这两个同种个体的神经元网络结构有着同构的部分。

大脑的基本结构和神经元网络可能的捆绑方式是由基因决定的。个体的行为信念是该个体神经元网络结构先后激活的结果。因此，人类的行为是神经元网络结构的表现型。同样，环境所选择的是个体的行为，个体行为的重复或不同个体重现相同的行为，意味着有着同构的神经元网络的捆绑方式与相似的激活程序。行为重复的前提是神经元网络结构的同构。因此，神经元网络结构是人类行为的“基因型”。这在本质上和达尔文过程Ⅰ是一致的，称为达尔文过程Ⅱ。

（四）行为动机

人有着生存的本能，这由基因决定，并且由这一本能引出了人类行为的自利性及由自利所引申的行为中的互惠性利他。生物学意义的利他行为是有利于其他个体生存与繁殖可能，而不利于自身生存与繁殖可能的行为。人类的大脑有着镜像神经元系统，能直接从他人的身体与行为而产生感同身受的行为。人类是具有生物学利他行为本能的生物物种。

个体的行为信念，在他人看来就是行为动机。人类的行为动机是“自虑”与“他虑”的概率分布。“自虑”表示个体只考虑自身利益的行为动机，而“他虑”则表示个体还会考虑他人利益的行为动机。人类的适应性行为是能增加个人、他人或社会生存与发展机会的行为总称，因为这一类行为能带来物种或社会的整体与长期的适应性。

人类个体有着三个层次的存在：作为个人，作为种群中的一员，作为人类社会的一员。于是，任何个人也就有三个层次的生存需要：个人生存的需要、物种延续的需要和他的社会性需要。这三类不同需要的重要性排序，是由外部稀缺的不确定性的具体情况所决定的。与此相应，人类个体的生存意义也分别表现在这三个领域中：个体是在感悟人生，于是，个体的生活体验是否丰富？在父母的扶助下走向人生的你，是否有后代并使后代的人生起步状态比自己高？生活在社会中，并获得了社会无数的赠予，那么，你对社会有多少回馈？这三者彼此无可替代，却可以互补：养育后代和服务社会本身就是你人生阅历的重要部分；人生阅历和广泛的社会联系，有助于提升养育后代的能力与水平；丰富的人生阅历提升了你服务社会的能力，而为后代支付的成本本身就是对社会的奉献。

（五）消费者行为

人的行为意义是适应环境并与环境共生。长期以来，人们对自己行为的意义并不能理解。具有适应性的行为只是作为习俗、惯例，甚至是宗教信条而得以延续。即使科学昌明之后，也经历了漫长的认知过程才有所领悟。

经济科学的诞生起始，只认为生产与市场是为了满足人们的需要，而后发现生产与市场是为了满足有支付能力的需求。需求是对不同物品替代性比较的结果。认知科学发展到今天，才对自己行为的认识有了新的里程碑。

人类有一百多种神经递质，分别完成各种不同的神经元联结，或是激活或是抑制相关神经元的活动。高等哺乳动物的神经元网络已演化出多巴胺的回路系统。人类大脑的边缘系统是情感、内驱力、冲动和下意识决策的中枢；神经递质多巴胺能激活边缘系统，形成神经元网络结构内部的奖赏回路，从而促使动物能采取相应的适应性行为。共情、利他等诸多行为都与此相关。物品对自身的适应性意义也与大脑的这一回路相关。

多巴胺奖赏回路的编码为不同物品之间的比较，对期望奖赏与获得奖赏之间的比较给出了科学的解释。在面对选择时，大脑有两阶段的机制。大脑先要对每一个需要排序的物品有所感知，也即由先前的经验对每个物品的多方面感知已经存在神经元网络的捆绑，而后才进入不同物品之间的比较。相对优的选项的神经元网络就会激活多巴胺的奖赏回路，刺激边缘系统，并形成获得该物品的行为信念。由期望所指向的物品的评价则会成为人们选择的参照基础，当能获得比参照物更满意的结果时会通过分泌多巴胺而得到喜悦感，而如果所获比参照物的满意程度低，则会引起不悦感。

很早就有实验证明动物的选择态度与预期有关。比较心理学家检验了僧帽猴对预期违反的反应。研究者先向猴子呈现一个食物，然后将其藏起来，接下来研究者重新将食物交给猴子。有时他会在猴子不知情的情况下将食物换成较差的食物，在这种情况下猴子会变得很不高兴，拒绝接受这种较差的食物，虽然在生理上它是需要该食物的。这证明了猴子对于它们应当得到什么有所预期。

对于不同物品的比较表现为偏好。偏好是个体对不同物品的适应性信念的主观感觉。偏好的静态表征是效用函数。于是，效用趋大化成了适应性行为在一定条件下的静态表征。在不同的情景下，个体有不同的适应性行为，这意味着偏好在动态中是情景依存的，在模型中是内生的。偏好这个概念也克服了利己还是利他在表述上的困难：虑己者只是讨论自己对不同物品的偏好；而虑他者则会把别人的偏好列在自己的偏好排序中。

实验还证实了消费者达到最大化的条件，即对单一物品而言，有着边际效应的递减，并且消费者的意愿支付等于消费该类物品的边际效用相等时达到最大；对两个不同的物品来说，最大的效用是所消费的每种物品的边际效用相等时。其中有个实验是这样的：

实验员用 5 只成年卷尾猴进行模拟市场实验。在实验开始阶段，每个猴子都待在一个小的测试笼里，每个笼中都有一小包相同数量的盘形物品，作为猴子的交易手段。每个笼子都有两个实验员站在笼子的两端，为了便于猴子识别而穿着颜色不同但款式相同的衣服。每个实验员提供不同的食物；在测试时猴子都有机会与两者中任何一个进行交换。实验开始后，每位实验员一只手拿着食物，另一只手张开，等待猴子把盘形物给他，这样猴子就能考虑它们的选择。当猴子把所有的盘形物支付完时，标志着这一个实验阶段结束。这个可控实验的第一个目标是检验卷尾猴在使用它的支付手段时适应性行为的具体行为方式。为此，实验员通过早期实验所知道的卷尾猴同样喜欢的不同物品：果冻和苹果片。实验结果是它们在这两种食物上的支付都是盘形物总量的一半，即由于每种物品增加消费的边际效用下降，所以，会努力实现消费的多元化，两种物品都消费；并且达到边际效用相等时，即实现了总效用的最大。在接下来的实验中，改变了不同物品的价格结构，在其他条件不变时，降低其中一种物品的支付要求。结果，它们能像人类一样对价格的变化做出适应性回应：它们会增加相对便宜的食物的消费量，并达到相同的支付两种物品的边际效用相同。

在更进一步的研究中，检验了卷尾猴是否能在风险条件下，行为仍然是适应性的。实验员仍然给卷尾猴提供两个交易者，并都提供同样的食物，即苹果片。不过，一位实验员在卷尾猴支付了一个盘形物后，始终提供一片苹果片；而另一位实验员并不给予相同数量苹果片，有时 1 片，有时 2 片，但平均保持为 1 片半。在实验中，卷尾猴很快就识别了担任风险交易者的实验员，并把盘形物支付给他以获得平均 1 片半的苹果片。

这样的实验是可重复的，也就是可以经受检验的；这类实验还有很多种类，并由不同国家的不同的教学或研究单位的团队进行，但都获得了相似的结果。在实验中，实验的对象不仅有猴子、猩猩，还有鸭子、乌鸦等，这些动物都能在面对稀缺时，给出效用趋大化的选择。

将消费者行为原理与生产者原理结合起来，可以看到两者会形成互动。一方面，随着所能获得资源的增加，人们在消费量增加时必然有消费多样化的欲求；另一方面，在生产领域中，通过分工与生产的专业化，有更多的社会成员实际参与到该生产过程，并通过规模经济与范围经济，分摊了更多参与者的投入而提高了劳动生产率。劳动生产率的提高，意味着人类有着更强的能力从自然资源中获得资源与能量，从而增加了人们的消费能力。这种能力又进一步促使了消费者多元化，产生新的消费内容。生产与消费的这种互动，虽然会因为人与人之间的关系而出现某种扭曲，但在人与物之间关系的历史长河中，始终发挥着推动进步的基础性作用。

以上讨论的是个人用物品。“个人用物品”这个词，明确了物品在使用中的个人性质，并明确所指的是单纯的人与物的关系。由于个人用物品在使用中不具有明显的外部性，从而一个人的使用必然会影响他人使用同一个物品，也即在使用中具有与他人的争夺性和排他性。具有相反属性的，即在使用中因为具有明显的外部性，一个人的使用并不影响其他人使用同一个物品，从而在使用中不具有争夺性与排他性的物品是共用物品。介于两者之间的物品则称为准共用品。由于人与人之间的社会化关系，在现实中并没有绝对的个人物品，所有的物品都存在某些外部性。即使恩格斯所举的最具有个人用物品性质的牙刷，你的使用会提示我还没有刷牙，这是正的外部性。同样，当我看到你刷牙时的样子使我有点恶心，这是负的外部性。当然，同样也没有绝对的共用物品，任何一种物品的使用，多少会影响到他人的使用。对于共用物品，由于人类的本性中就有虑他的方面，使共用物品的提供有了可能；同时，个体也有虑己的一面，使共用物品在普遍需求的情况下，总有一部分人期望不支付成本，即采取逃票乘车的行为。于是，对这类物品供给的制度安排特别复杂。在这类物品的使用中不可能单纯是人与物的关系，更多的是人与人之间的关系。

（六）理解了的适应性

人类对稀缺的适应方式是多样的：多数情况下是在情感支配下的无意识的非理性反应；在有条件与有必要时则是理性的推理决策。需要、需求、效用、偏好等，以及对每个概念都有逐步深刻的认知过程，都是人类对适应性理解过程中的标识，是理解了的适应性的阶段性成果。其实任何一个概念和认知都有逐步理解的过程，是演化的。对外部世界各部分之间空间与时间的关系，以及对自身行为的前因与后果形成了规范的、概念的与逻辑的认知，并能够由此而对行为进行比较准确的推理、反思与预测的智力能力称为理性。因此，理性是人类理解了的适应性，这样理解的理性，称为适应性理性。适应性理性是对适应性的简化。出现一个新概念都是认知的某个新起点，而认知演化的过程只有起点而没有终点。

需要、需求、效用、偏好等，都可以看作适应性的某种简化。但是近年来有把幸福与快乐感作为人类行为动机或目标的倾向。这并不是对适应性的正确理解。幸福与快乐感和痛苦感都是大脑神经系统引导个体形成稳定的适应性行为所必要的表征方式，只是一种是激励性的，另一种是抑制性的。动物与人类都不能没有痛苦感，正是痛苦感在神经元网络中形成了抑制性的突触联结，才有可能形成趋向适应性的行为信念。更重要的是，幸福与快乐的主观感受在很大程度上受个人心态的影响，而不是适合的客观指数。

以上所涉及的相关生产与消费的经济学内容，是由工业化先发展国家中的人士 300 多年来知识沉积的成果，并助力资本主义经济的上升。这些成果以新古典经济学学派为名而流传。这些成果中积极的部分，近似地发现了人与物之间的真实关系，这种单纯的人与物之间的关系，使一切植物和非社会性动物的行为相近，可以称为植物与非社会性动物的行为学。在单纯的人与物之间的关系中，人类行为可以由代表性个体的行为给予简化，虽然该简化是一种近似，但仍然具有合理性。这一理论框架是演化的理性在一个历史阶段中的一条分支。

人与物的关系虽然是必须研究的部分，是研究人与人之间关系的前提，但是，还只是踏在自然科学与社会科学之间，还只是在社会科学的门槛上，还不是真正的社会科学。因为社会科学是研究人与人之间关系的。

三、人 际 互 动

人类出现以后，人与物的关系进入一个新的历史阶段，这是因为个体只有通过人际互动才能有效获得物质与能量。人之所以是人，人之所以不同于动物，就在于特殊的人际关系。

（一）分工与制度

生产技术结构是人与物之间的关系。在一定历史条件下社会大脑所拥有的知识总量，基本决定了该技术结构。该技术结构决定了人类能够从自然界所能获得物质与能量的总量与结构。任何人出生后都面对这一既成的技术条件。个人即使能对生产技术做重大的改善，与现存的技术存量相比也是微不足道的。总体上说，个体是生产技术结构的接受者。

在一个生产环节中生产技术的实施必须由多人完成时，就需要有足够的人数负责各个生产岗位，并且各个岗位需要各自的技能。该生产环节中人员及其技能要求就是该环节的分工结构。社会所有生产环节的生产技术结构总和，决定了该时代的社会分工结构。分工结构是由人与自然的关系决定的人与人之间的技术性结构。

通过分工导致整体产出大于各个体产出之和的部分，称为合作租。并不是凡是分工都会有合作租。在编程时，每个程序员完成某个独立的部分通常会有合作租；但是每个程序员只写一句的分工，不但不会产生合作租，而且效率极低。形成合作租是分工形态稳定的基本条件。

合作租是涌现的具体表征。涌现是复杂的自组织系统中整体大于组成部分之和的新的存在性。这一存在性既不能还原为部分，也不可能直接从部分中得到预测。涌现导致了新层次的出现，因此，可以通过对高层次的分析而使涌现得到理解。涌现而导致的新层次的出现，是演化不可逆性的基本原因。在自然科学中，长期以来通过在不同学科中进行着事实上的多层次分析，而回避了对涌现的直接研究。在人类社会中，最基本的涌现是在一定的产生技术结构支持下，由分工中的双赢和多赢而形成的。合作租是参与合作的行为个体产量之和小于合作后的产量，并无法仅从合作前的个体生产状况中预测。

分工导致人类总知识分立于无数个体，每个人只专注于增长极小部分和知识，并导致人类知识总量的巨大增长。分工及由分工而导致的人类知识总量的增长是合作租存在的基础，也是社会生产率增长的根本源泉，人类社会的财富随着生产率的提高而增长。

实现个体拥有所需要的技能并在所需要的岗位上，从而达到稳定的分工结构的是制度结构。现代智人通过数百万年的演化而拥有了制度得以形成的大脑神经元网络结构和相应的心理与智力结构。

制度是什么？

（二）社会聚集的纽带

当仅依赖个体难以解决稀缺带来的生存困境时，就需要其他社会成员的协助。制度是把人类聚集成社会的纽带，从而以更为有效的方式面对稀缺的约束。

个体之间在相互理解对方的行为时才能相互协助。制度是人们行为的规范及这些规范得以持续的实施机制。有了行为规范，人们可以预期同伴的行为，从而使合作成为可能。

要能够形成不同个体之间的合作，不仅需要有约束行为的规范，还必须对彼此的行为信念有深层次的呼应。以交通规则中的“靠右行车”为例。其实，行车时究竟靠右还是靠左，并不是这条规则的核心，关键是所有人都有靠同一个方向行车的行为信念。当每一个人都靠右走时，就是把他们的左面，也即对方的右面让给相向行车者，于是，双方都能够快速行车，形成合作的双赢。然而，这样的合作要有可持续性，仅有个体的信念是远远不够的。当一位驾车者发生偶然的情况，一时把方向盘打向了左侧时，对方驶来的驾车者就会犹豫：对方不知道必须靠右行驶？为了双方的安全，他就会把自己的方向盘打向左边；这方的驾车者及时把方向盘打回正确道路时，将发生车祸，合作失败，双输。因此，两人的行为信念必须至少是可以两级推导的，也称为两级递归。其实，要实现交通秩序的可持续，这还不够。如果这方因为偶然的原因误把方向盘打向了左侧，竟发现对方的行驶方向也打向左时，由于我不能确定对方是否知道“他知道‘我知道必须靠右行车’”时，我把方向盘转向左侧，而一时误操作的对方正好把方向纠正回来时，就会和我的车撞个正着，合作仍然失败。因此，在两人相向行车时必须具有的行为信念是，我知道你知道我知道“行车必须靠右行”。这称为思维中的三级递归。由于行车路上不只是两个人，而是有着众多人。因此任何一个规则如果是可持续并且是稳定的，就必须是“所有人都知道：‘所有人都知道：“所有人都知道：‘行车必须靠右行’”’”。只有当神经元网络结构达到如人类大脑那么丰富的层级时，这样的思维递归才有可能。这是只有人类才有复杂制度的原因。

由于合作是双赢的，生产中的合作，直接是双赢的经济利益。于是，制度是形成合作并带来合作租的共享信念。该合作租也就是制度的绩效。

制度是人类社会中的共享信念、共享信息或共享知识。只有经过社会化的过程，个体才能获得这些知识，并把社会的共享信念内化为个体的行为习惯。在这个过程中，不同个体形成了相应的同构的神经元网络结构。

同构的神经元网络结构是社会集体记忆的生理基础。关于行为规范的“集体记忆”，是以活生生地广泛存在于社会成员大脑中同构的神经元网络结构。正是这个“活体”才能够通过个体自主意识的选择与适应而得以演化。包括制度在内的任何文化的传承，也必须有这一“活体”的形成与扩散。

这些是从功能的视角所定义的制度。

（三）制度结构

个体由行为信念所产生的信念行为，在第三方视角即他的行为习惯，是该个体的习惯行为。行为信念是稳定的，习惯是重复出现的。因此，行为信念是内在的行为根据，是第一位的；习惯行为是其外在表现，是第二位的。行为信念是构成制度的必要条件，是构成制度的基础，这是制度可持续的基本原因。

个体对另一个体的某种信念，直接形成对该个体的信任。信任是具有人物指向性的信念，信任的重复及其制度化就成为个体之间的信用。

习俗是群体的共有习惯，因此，习俗是共同信念的外在表现。当习惯硬化为惯例时，已经具有了对个体行为一定的约束力，不按惯例行事至少会遭受群内人的指责。当惯例演化为道德时，对行为人的约束就更强，不仅非道德行为人会有自责和羞耻感，其他人当面指责也被认为是正当的。规范由习俗、惯例、道德与世界观等构成。规范是能够用语言或文字陈述并给予思考与分析的，并有利于合作形成并持续的共同信念。规范是制度的基本形式之一。规范又称非正规制度或非正式制度。

规则是制度的另一种存在形式，规则是能够得到第三方强制实施的规范，通过强制，社会行为的分布更有利于合作的形成与可持续。规则包括宪法、法律、组织中的规章等。宪法制度是规范制度的制度。由于最稀缺的生产要素对人们行为的长期与最终的制约作用，故宪法制度主要体现了该时代最稀缺生产要素的产权制度。宪法制度可以是成文的，也可以是不成文的。

除宪法制度之外的制度都称为制度安排。在一个有效运行的社会中，任何制度安排都需要与该时代的宪法制度相耦合，由此，各种制度安排之间也能相互耦合，至少能互不冲突。

组织是制度的综合形式。凡有形的组织，都选择了具有适应目的的信念系统、规范和规则，并制定了本组织内部的规则，从而使确定的人群形成某类确定的合作的结构性单位。

组织中的规则形成了组织内成员之间的博弈结构。就重要性而言，组织内的规则主要有三类。第一类是成员规则，以字母e表示。该规则确定了参加者可能具有或者必须具有或不必具有什么特征获取进入该组织的资格，也称为组织的进入规则。该规则制约了参与人之间关系的持续程度。第二类是目标规则，以字母 o 表示。当组织必须做决定时，参加者可能使用或必须使用或不必使用的决策方案或方式，这是如何使成员的行为目标与组织的目标达成一致的方式。该规则制约了参与人之间的利益结构，所以也称为加总规则。第三类是职位规则，用字母 p 表示。该规则确定了参加组织的成员能拥有或必须拥有或不必拥有什么职位；并在该职位上可能拥有或必须拥有或不必拥有什么控制权，所以，也称组织的授权规则。该规则制约了参与人之间的权利与信息结构。

组织不但是人们进行活动的场所，而且是规则的集合。这些规则先于组织的个别成员而存在，因此，组织也就是人们行为选择时所处的博弈结构。组织正是通过规则，影响着参与人的策略以及对他的支付，从而制约着人们的选择。不同的组织有着不同的规则集合，也就形成不同的博弈结构。

当对制度进行研究时，最小的分析单位是信念、规范和规则，例如，道路上的行车规则。在进行制度的比较研究时，最小的分析单位则是组织，是实施相同或相似活动时的不同组织的比较，如市场与企业的比较。因此，这二者都是制度经济学研究的对象。

制度是在共享信念支持下的规范、规则与组织所构成的系统。

（四）随机稳定

制度形成的关键是从习俗演化为规范。处理同一类事物或同一类人与人之间的关系，会有多种习俗，但只有其中的一种才能够成为规范。在人际互动中，什么习俗才能够成为规范，这就是制度形成的关键步骤。

为了演示规范的形成，先得说到生物的演化稳定策略。这可从鸟的演化形成的思想实验说起。目前的研究已知，鸟是从翼龙演化而成的。翼龙的这个分支在翼上有羽毛，并以性显示功能而得到演化，而后从滑翔而演化成飞翔能力。这个过程不仅是物种的基因及其表现型的生理与形态的演化，还需要有鸟的群体行为的演化。全身长满了羽毛的鸟会有一个不利于生存的因素，就是羽毛中会躲藏寄生虫和细菌，从而影响鸟类的健康甚至生命。因此鸟的适应性变异行为是用自己的喙去梳理和清洁羽毛，并清除寄生虫等。不过，鸟无法清理自己头顶上的羽毛，因此寄生虫和细菌就有了躲藏之处，仍然会威胁鸟的健康。于是，鸟必须有为其他同伴清理头顶上羽毛的行为能力。这一行为特征称为“傻瓜”。“傻瓜”就是愿意为同伴清理头顶上的羽毛，而不会计较同伴会不会回报而为它清理羽毛。这需要相应的基因变异与大脑神经元网络结构的形成。拥有“傻瓜”行为的鸟群，才有可能生存与繁殖。然而，基因的突变或神经元网络的偶然捆绑，在“傻瓜”群体中突变出了“骗子”行为。“骗子”就是只接受同伴清理自己头顶上的羽毛，而不会为其他同伴清理头上的羽毛。这种行为一旦出现，就具有很强的个体或行为的拓展能力，因为它不需要为任何同伴清理头上的羽毛，而自己头上的羽毛却有“傻瓜”们清理，因此，它比其他同伴更健康，而且，也有更多的时间来建筑更好的巢，以吸引更优秀的配偶，并帮助它养育更多后代。但是一旦这样的“骗子”的数量成了群体中的多数之后，那么“傻瓜”行为的鸟会越来越辛苦，越来越不可能有效地繁育后代，直至灭绝。当全部都是“骗子”时，因为不再有任何同伴为它们清理头上的羽毛，健康逐步下降，最终也无法生存，这个物种只能灭绝。

不过鸟群在演化过程中，基因还会突变出“针锋相对”的行为者。这类行为者的特征首先是善良的，它愿意为别人清理羽毛，只要同伴会以同样的方式回报它，它就会继续为该同伴清理头顶上的羽毛。但是，它又是斤斤计较的，如果它为某同伴清理头顶上的羽毛，该同伴不会以同样的方式回报它，它从此也就不再为该同伴清理头顶上的羽毛。由于第三种行为者的出现，“傻瓜”能够和群体中的“针锋相对”互动合作，从而不再会消失；不过因为“傻瓜”的继续存在，所以“骗子”也消失不了，总会有“傻瓜”会为它清理头顶上的羽毛而使它能生存下来。计算机模拟这样的群体的演化博弈过程，在足够的代际之后即能保持动态的稳定。形成了“针锋相对”是群体中的多数；而“傻瓜”和“骗子”都是少数。“针锋相对”与“傻瓜”这两类行为者是群体中坚持合作的人群。“骗子”则是使合作失效的行为群体，该群体在计算机模拟中大约占 10%，因为处于少数，起不到使种群消灭的作用。

这三类行为者出现的顺序，对物种的存在有重要的影响。如果演化中只出现“骗子”行为者，这个物种就无法出现。如果先出现“傻瓜”或“针锋相对”行为者，这个物种就能够形成。在只有“针锋相对”行为者的群体中，是演化不出“骗子”行为者群体的，而只有等待“傻瓜”行为者的出现，来挽救少量的“骗子”。

演化稳定策略是生物学家研究物种演化时提出的。这个思想实验表明两个基本结论。其一，在人与自然的关系中，人的行为可以使最有效率的行为者作为代表性个体来近似地推演其他人的行为。但在人际互动中，却是多种行为的博弈，不存在能代表每个个体行为特征的行为人，但存在能使群体得以生存的“应该如此”行为的行为者群体，在本例中即“针锋相对”行为者，他们是对群体合作生存最有利的行为者。其二，在群体中只有合作者是多数的情况下，这个群体才能够得以生存。

这个思想实验和相应的计算机模拟与现实中人类行为有很大区别。在这个思想实验和计算机模拟中，只有三类行为者，而每类行为者的行为是固定的，行为界限也很清楚。每一类行为者也不会发生行为错误。然而，人在认知过程中是易犯错误的，而且是情景依赖的，不但有更多的行为类型，而且会在不同类型的行为者中随机变动。经济学者在博弈论的发展过程中，论证了这样的群体博弈的动态稳定仍然是存在的，这样的稳定形态称为随机稳定。假如一个演化稳定策略不但能经受新变异者的冲击，而且所有行为者的行为也会有随机的变异，在这样的条件下仍然能保持各种行为的概率分布的相对稳定，称为随机稳定。

采用思想实验来帮助读者理解随机稳定。当人类进入生产阶段后，生产物需要成本，甚至比较大的成本。这对损人利己者形成了诱惑：用偷盗等低成本的方式攫取别人的生产成果。这迫使生产者在生产外还需支付成本来捍卫自己的生产物。这一对行为人的互动意味着产权的出现。在围绕产权的博弈中，并不只有这两种行为。对保护产权而言，一种人是不论是否是自己的所有物，都支付私人成本尽力捍卫；另一部分人只保护自己的所有物，对别人的所有物则漠不关心。即使窃取别人产权的人也并不一样，有人以此为谋生，有人只是在低成本时“顺手牵羊”，甚至有的并不是出于经济利益，而是为享受偷窃过程的刺激。当侵犯产权的行为人达到一定规模（总量而非比重）时，社会就会出现专职从事保护产权的分工，如安保、警察、法院等。这里还没有穷尽以产权为中心的博弈中所有可能的人群。更重要的是，每一个角色都存在着偶然的或者长期的行为改变，而且改变的概率是不确定的。然而，维护产权的一定是群体中的多数，不然生产过程就不可持续。随机稳定中的主导行为，必定是亲社会行为，也必定是有利合作的行为。制度一定是以人们共有的行为习惯为基础，但并不是所有的共有习惯都是制度。只有那种多数人所持有，并且有利于群体合作的行为习惯，才能成为制度。制度正是约束那些不一定按该习惯行为的人，通过尽可能提高参与合作的收益，降低不合作者或破坏合作者的成本，从而使合作成为更可持续的。

当人们为形成合作进行博弈时，随机稳定中主导的有利于合作的行为习惯成为社会规范时，制度就已形成。

（五）分析制度的方法

从稀缺出发归结到经济学，同时，也以稀缺作为逻辑起点，到达制度，那么，经济学的分析方法，也都是制度的分析方法。

1. 收益–成本分析

制度的收益与成本的核算范围，就是由该制度所形成合作参与人，并进行加总核算。制度成本只可能对制度形成或变迁过程中实际支付的部分进行核算。

人类互动形成制度是为了合作，合作就需要有基本的双赢或多赢格局，参与人中的全部至少是多数一定能从中获取净收益。归根结底，这些收益来自生产中的合作租。制度的收益即该制度协调下所形成的合作租的总量。有收益，才有必要与可能支付形成制度的成本。

制度是以人们的共享信念为基础的，制度是人们为形成合作所必要的共享信息，为形成这些共享信息而支付的费用总和称为总制度成本，简称制度成本。只有当形成制度所获得的收益大于所支付的成本时，人们才会创造该制度。

在生产性合作时，存在两个无法分离的过程，人与物的关系及人与人之间互动中的相互协调。于是，经营生产时的成本是生产过程中的技术成本（或称转型成本）与从事协调或从事管理的制度成本之和。经营交易时的成本是交易过程中的技术成本（或称转型成本）与制度成本之和。因此，交易成本与制度成本是不同层次中的概念。

即有

总经营生产成本（TPC）=总技术成本（TTC）+总制度成本（TIC）

总经营交易成本（TTC）=总技术成本（TTC）+总制度成本（TIC）

总制度成本是核算制度成本的基础性概念，所以是必需的。但是，总制度成本是单维度的量纲，单有成本的大小在评价制度时是没有意义的。制度成本低可能对应的是绩效更差的制度；总制度成本高可能对应了具有更高绩效的制度。因此，当评价制度时必须有平均制度成本的概念。平均制度成本具有衡量制度效率的含义，即实现单位合作成果所必要的总制度成本。

在生产经营单位中，这就表现为

平均经营生产成本（APC）=平均技术成本（ATC）+平均制度成本（AIC）

平均经营交易成本（ATrC）=平均技术成本（ATC）+平均制度成本（AIC）

制度在扩展或演化过程中收益的增量，称为制度边际收益。制度在扩展或演化过程中总制度成本的增量称为制度边际成本。在生产经营的企业中就有

边际经营生产成本（MPC）=边际技术成本（MTC）+边际制度成本（MIC）

边际经营交易成本（MTrC）=边际技术成本（MTC）+边际制度成本（MIC）

在出现一种新的技术结构从而导致分工深化的过程中，边际技术收益最终会下降，边际制度收益也最终会下降；同时，不仅最终会出现边际技术成本的上升，也会出现边际制度成本的上升。当经营生产或交易的边际收益与边际成本相等时，会出现该技术均衡条件下的制度均衡，分工的深化与制度演化也在此时暂且停顿，期待新的技术变迁的机会。

在一定的技术条件下，制度企业家在发现并创制新制度形式时，必定要寻求制度绩效上升的同时，制度成本并没有同比例的上升。否则他无从获得制度企业家的收益。因此，在分工深化与制度演化的趋势中，出现总制度成本上升的同时，平均制度成本有着下降的趋势。

从全社会而言，制度企业家做到制度平均成本下降，是因为当制度企业家可以充分利用文化传统作为组织的共享信念时，并不需要支付新的成本，因此，当代社会中仍然实际运行的传统文化是历史上已经投入了成本的制度，是制度建设中已经拥有的固定投入，这是平均制度成本下降的重要机制。这也是制度变迁中对文化传统路径依赖的基本原因。

制度平均成本是人类社会有序化的量度，于是，它与自然界的负熵等价，或者说，平均制度成本是负熵在社会结构中的表征。自然与社会的本质是统一的，只是形式有所不同。

在分析制度时，需要区分事前的与事后的制度成本。事前的制度成本是合作发生前就必须发生的制度费用，如制定规则、宣传、安排制度实施的条件等。这些费用主要用于合作的形成或提高合作过程的效率。事后的制度成本是在合作发生后才会支付的费用，如制度的实施、对实施过程监督等。这些费用主要用于提高合作的可靠性与可持续性。对事后制度成本的估计不足，是出现制度失败的最常见原因，尤其是所期望的共享信念并不真实存在时，成本估计的误差就更为严重。

对制度成本的可测算性可以给出基本的评价：总制度成本是难以测量的，平均制度成本及其下降是可以进行理性推测的；而边际制度绩效与边际制度成本是可以实际观察和核算的，而通常观察或核算到的则是由此而得到的边际制度净收益。

制度的收益-成本分析的具体应用，主要用于制度比较分析。制度总成本为零是在远古时代，制度平均成本为零是在遥远的未来，都是远离现实的，不可能作为现实的思考基准。制度的边际成本等于制度的边际收益的状态，在正常情况下，是现实的制度状况。因此，制度的比较分析是对现存的不同制度完成相同的合作所进行的比较研究。

2. 博弈分析

在收益-成本分析中引入互动的博弈关系，即制度的博弈分析。

博弈论的方法反映了一个人的决策依赖另一个人或另一些人决策的状况，表明了人际的互动，因此，是分析制度的重要的技术手段。

博弈论中最基本的概念就是参与人、策略与支付。支付是指在一个特定的策略组合下参与人得到的确定的或是期望的效用水平，而该效用水平是由收益减去成本，也即通过收益-成本分析获得的。只有完成了收益-成本分析才有博弈论所说的支付，才可能进入博弈分析。参与人指的是一个博弈中的决策主体，他的目的是通过选择一定的策略以最大化自己的支付水平。参与人可以是两人，也可以是多人。策略是参与人在给定信息集的情况下的行动规则，它规定了参与人在什么时候选择什么行动。博弈分析的目的是在具体的参与人、策略和支付条件下预测其均衡。均衡是所有参与人的最优策略的组合。如果这一组合存在，那么就会有稳定的结局；或者说存在均衡解。为纪念博弈论方法的创立者，博弈中的基本均衡称为纳什均衡。

策略是参与人的行为规则，也就是某种制度。人们是在一定的制度条件下参与博弈的。博弈如果能获得均衡，那么，该结果将成为参与人的行为信念，而行为信念是制度的基础，并有可能成为制度。所以，制度又是人们博弈的结果。这正是博弈论在制度分析中的意义。

博弈论中最古老也是经典的案例是“囚徒困境”博弈。因轻罪入狱并分别关押，并且是重罪的共同嫌疑人。当法官给出“坦白从宽、抗拒从严”的规则时，分别的个体理性行为是坦白；而对两个人的共同情景而言，抗拒才是最小支付。因此，博弈论的方法能比较直观地揭示个人理性与整体理性的冲突，以及有益于提出解决这类冲突的可行方案。

3. 演化分析

在博弈中反复博弈的次数为无限，支付的含义不再是效用水平，而是行为的可扩散性或可繁殖性，博弈论成为演化博弈论。演化博弈论应用于生物群体的达尔文过程，经典结果是演化稳定策略。当应用于人际互动中博弈参与人的行为是无穷可变时，经典结果则是随机稳定。

（六）生产、分工与制度的共生

生产、分工与制度构成了人类社会的基本框架。

一定时期的生产技术结构，决定了社会的分工结构。这两者一起决定了该时代的制度结构。什么人拥有什么技能、技术或知识，什么人在什么岗位，为什么是他而不是别人在这个岗位等，是由制度提供激励并通过个体在该制度下的博弈而得以实现的。制度是直接的人与人之间关系。

当生产技术结构已定、相应的分工要求已定时，生产技术结构与相应的分工结构就决定了对制度的要求。一旦制度达到了该要求，生产过程就能够可持续地进行。因此，生产技术结构和分工结构成为形成一定制度结构的环境条件。制度环境是某一制度得以形成的环境条件的总和。正在形成或将要形成的制度作为一种社会意识，是由制度环境这一社会存在所决定的。

知识在不断成长与积累，生产技术结构在演化之中，因此，分工形态与制度结构也是在变迁之中的。在动态中，生产技术结构除由知识自身成长的规律决定之外，也受到分工形态和制度结构的影响与制约。分工形态不仅受生产技术结构的制约，也会受既有的制度结构的制约与影响。同样，制度不仅受原有的生产技术结构和分工结构的影响，也会在很大程度上影响着未来的生产技术结构与分工结构。因此，从动态而言，不但社会意识与社会存在的界线不再存在，是共生演化的，而且生产技术结构、分工形态与制度结构也是共生演化的：之前的生产技术结构、分工形态与制度结构都会制约此后的生产技术结构、分工形态和制度结构。同样，现有的任何生产技术结构、分工形态与制度结构也都受着之前生产技术结构、分工形态和制度结构的影响与制约。

（七）理解社会的基本概念

人类社会充满着偶然现象，因此，有相当一部分事件是没有规律性的。人类社会也存在一部分必然性现象，因此具有部分的规律性。要认识这一点，从而能够进行具有可证伪性的研究，需要把握复杂系统自组织理论的基本概念，除了涌现之外，还有序参量、遍历性、混沌与分叉等。

1. 涌现

一个开放的复杂系统要能够通过自组织过程而成为有序的，首先要有涌现。人类社会有大量的涌现现象，最基本而且是稳定出现的是由生产中的合作而从自然界所获得的合作租。一旦合作租出现，人们的行为自然趋向通过互动而分享该合作租，将会导致越来越多的行为人趋向与此相关的合作行为。

2. 序参量

在社会中吸引人们进行互动关系的原因有无穷多个，但是大多数这样的吸引是偶然的、不稳定的，没多久就变化了，互动关系就消散或改变了。但有一些互动因素是稳定的并且会持续长时间。在复杂系统中，有着众多的变量，有的是快变量，有的是慢变量。

快变量和慢变量是开放的自组织复杂系统理论中的一对概念。在生产技术结构、分工形态和制度结构这个大系统中，大部分变量的变化都是很快的，如知识、生产技术，天天时时都在变化，而人们的基本的合作方式却是十分稳定的。例如，生产不同种产品的劳动者之间的合作、为提供共用物品中的合作、创新工作者与从事重复性工作的工作者的合作、拥有不同知识的人们之间的合作，这些合作一旦发生，就会稳定、持续地反复出现。于是，这些是生产技术结构、分工形态与制度结构中的慢变量。此外，在物质资料稀缺的历史时代中，最稀缺生产要素在一定时期内是稳定的，是个缓慢变化的量，在一定的历史范围内是个慢变量。

慢变量在开放的自组织复杂系统中称为序参量。每一种涌现都是一个变量。作为快变量的涌现也会吸引人们参与相关的互动，不过由于比较快就发生了变化，所以，能够吸引的行为人不会很多，吸引的范围也不可能很大，还没有时间足以自组织地形成随机稳定，涌现就消散了。服饰的流行就是如此。

当涌现是慢变量时，就能持续吸引人们参与相关的活动。变量稳定的时间越长，吸引的人越多，吸引的范围越广，在反复的博弈中大大提高形成随机稳定的可能。这意味着相关互动的群体形成了某些有利于分享该合作租的行为规范。对于期望合作的人，进一步会内化这种行为规范，成为自己的行为信念。作为慢变量的涌现的稳定性足能使社会结构制度化。这就是人类这个开放的自组织复杂系统中慢变量的支配作用，或称役使作用。

人类社会中，每个人都能够在自己所处的自然环境和人际互动中给出即时的意向性的适应性回应。但是，个人的趋利行为的适应性就是参与种种合作并分享剩余，因此，个体行为的基本模式都无可回避地要受到各种序参量的支配，从而形成若干个随机稳定的制度结构。在人类文明社会至今的历史中，还有随时间而变动的序参量，是该历史阶段中最稀缺的生产要素。最稀缺的生产要素在经济合约中占据有利的地位，作为慢变量，长期影响着分享合作租的互动中的谈判地位，从而得到资源配置与收入分配的有利地位。于是，一个社会中最稀缺生产要素的所有者，就是那个社会中经济上、政治上的支配者或称为统治者。正是最稀缺要素这一序参量的依次变化，形成了人类社会在这个历史阶段中有着间断性的宪法制度的变迁。在上述所有的变迁过程中，都是由人们不断创新与试错，并通过适者生存的选择过程开辟着自己的道路。

序参量的数目与系统中变量的总数相比较，少了太多。通过序参量的分析，尤其是对序参量的支配（役使）作用的分析，就不必再考察该复杂系统的细节，就可以正确把握和刻画整个系统的运行，在不失去准确性的同时使分析开放的自组织的复杂系统所需要的信息大大压缩。

3. 遍历性

把握好序参量，也就能够把握系统中运行的规则性。规则性，在开放的自组织复杂系统理论中，称为遍历性。这里以邻居关系为例来说明这个概念。假定在一个小区中有两类性情不同的人，每类居民都期望与同类人居住。假定初始的状态如图 8 所示。

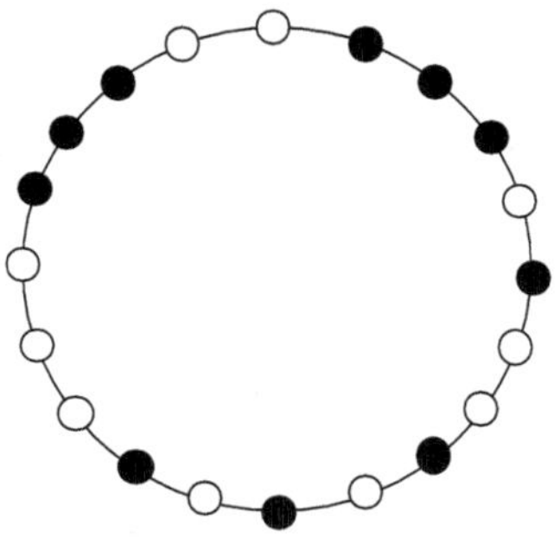

图 8　在圆环上两种类型的人的一个随机分布

图 8 中的白点和黑点的位置分别代表区域内两种不同类型的人。假定某个人的两个直接相邻的邻居与他自己的类型不同，那么，他会很不满意；如果他的直接邻居中有一个不相同，那么他会比较不满意。再假定首先启动对换居住地点的是具有最不满意心态的居民，但是什么人及与什么人对换却具有偶然性，是由初始条件所决定的，如正好有两户不同类型的居民之间是同事，在偶然的交谈中启动了相互交换住房的意愿。假如发生了以下两对交换：以实线条联结的两户相互交换及以虚线条联结的两户相互交换。以实线条联结的两户相互交换之后，以实线条的方向演化；以虚线条联结的两户相互交换后则以虚线条的方向演化，如图 9 所示。

至此，最不满意者的欲求得到了解决，但是不同演化路径的结果状态是不同的。当然，如果情况再复杂一些，如有更多的户数，那肯定会有更多的演化路径，而每一条演化路径都是独一无二的，都是由初始条件所决定的，也称为“非遍历性”的，与此相应，演化的结果也各不相同。

路径依赖的定义是过程以正的概率遵循具有不同长期特征的路径。当然，在现实历史中，存在着大量非遍历的过程。而且，所有的历史都与偶然性的事件相关，于是都有路径依赖的特点。

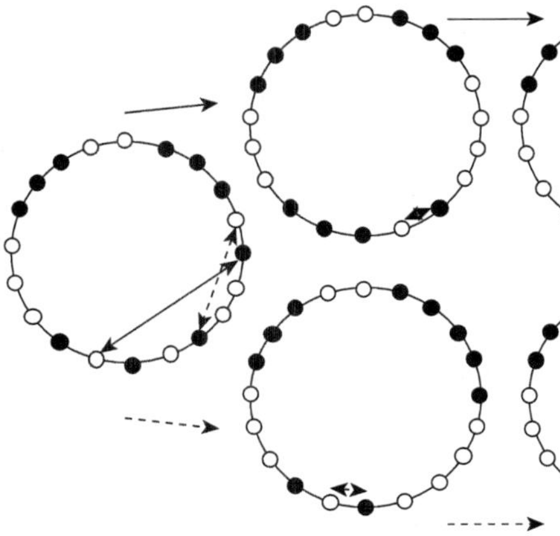

图 9　从相同起点出发的不同演化路径

不过，居民居住地的例子，也还没有结束。如果不但最不满意的居民需要合适的迁居，而且所有不满意的居民也需要迁居，那么，演化会进一步进行，如图 10 所示。

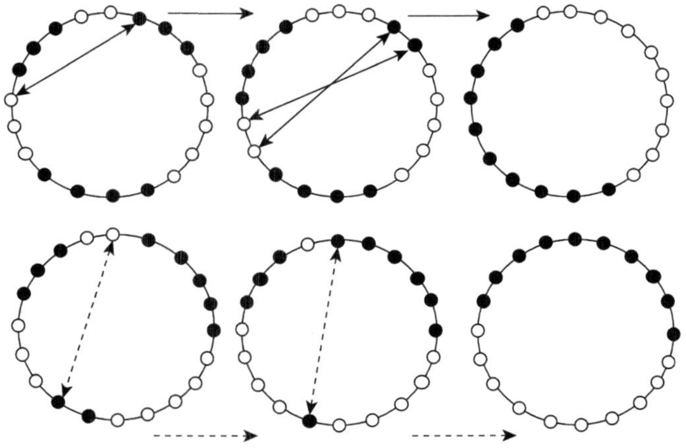

图 10　持续的演化将出现遍历性的共同结果

这时，不满意下降到最低，无法再下降总的不满意，于是，在全体居民中都不再存在迁居的需求。这个过程具有遍历性。在这个案例中，只要所有的居民坚持与同一类的居民居住的要求，只要时间与过程足够长，那么，如图 10 的最终结果就必然出现。只要一个过程在未来发生的可能性不比过去更低，就符合了遍历性的要求：遍历性的定义是长期平均行为，本质上是独立于演化路径的；进一步讲，它是独立于初始条件的。正因为遍历性的过程，不会受偶然性冲击的影响，于是，它也一定是随机稳定的。或者说，只要过程由慢变量的涌现所支配，长期吸引的结果，就会出现必然性现象。

于是，在人类社会的演化过程中，由快变量影响而形成的事物是非遍历性的，是高度路径依赖的；在序参量支配下所产生的社会事物则有可能是遍历性的。凡是遍历性的事物，也就是具有历史必然性的，是不受偶然事件影响仍然会出现的。具有遍历性的社会事物在形成过程中，也是路径依赖的，只是其一旦形成，即由于序参量的支配作用，或作为吸引子，会引导越来越广泛的公众参与其中，只要时间足够长，就会成为遍历性的。

4. 混沌与分叉

在自组织系统中，凡遍历性的事物并不意味着会永远保持，只要序参量发生了变化，或出现了新的序参量，那么，新的路径依赖现象就会出现，只要新出现的不是慢变量，而是序参量，最终就会出现新的随机稳定。这就涉及开放的自组织复杂系统中的混沌与分叉。非线性系统理论中的混沌与分叉的概念涉及人类社会的演化是否可能预测及可预测的限度。

混沌是指非线性系统中，由于非线性部分的相互作用而产生的非周期行为。例如，大气热对流导致的湍流就是一种混沌现象。该类现象对初始状态敏感，表现似周期、非周期和不可预测性。分叉是指在一个具有不稳定结构的非线性系统中，任意小的扰动都会使系统的结构发生突然的变化，这种变化称为分叉。陈述同样的过程而使用开放的自组织复杂系统的术语，可以把这两个概念做如下理解。在序参量支配下的复杂系统是稳定的。当这一系统中出现了新的序参量或序参量发生变化时，从而新的序参量的役使作用就会与原有的序参量的役使作用发生冲突。这时复杂系统会偏离原有的平衡态，成为一种“远离平衡态”，也就是非线性系统理论所说的混沌。当新增加的序参量与原有的序参量取得了耦合，或者，新的参量替代了原有的序参量成为新的序参量，并开始出现其全面的役使作用时，这个变化就是分叉。

分叉的出现是有条件的，一个序参量被另一个序参量替代是有过程的。因此，一个均衡被另一个均衡替代，在生物中就是演化的间断均衡。在社会中就是重大变革甚至是革命了。而且，序参量在刚刚形成与发生时，都有其偶然性，这种偶然性使得一个序参量的出现，或一个序参量被另一个序参量所替代的现象，具有偶然性事件的外观。这种偶然性事件，即小概率事件，常被称为黑天鹅事件。黑天鹅事件是指那些具有重大冲击影响但又无法预测的小概率事件。但是一旦序参量发挥了役使效应，原来以为是黑天鹅事件的事件，就会重复并且会不断地重复，从而具有了必然性的外观。这种必然性是以偶然性为前奏的。所以，偶然性有两种：最终引出必然性的偶然性和与必然性无关的偶然性。前一种偶然性会以路径依赖开始，并最终导致遍历性的结果。后一种偶然性就只是偶然性，只是一个路径依赖的过程。采用博弈论的语言来复述这个概念，即在人类社会中任何偶然取得稳定的事件，都具有纳什均衡的特征。但是，纳什均衡可能只是一个纳什均衡而已；当某个纳什均衡演化为随机稳定时，就会成为必然性。

开放的自组织复杂系统的变化并不是不可预测的，只是预测的范围有限，成为“有限可预测性”。因为人们有可能预测从一个分叉到下一个分叉之间的过程，这个过程中存在着某种决定性；而对分叉之后的过程，是无法预测的。或者，采用序参量的概念：当过程被某个序参量役使或支配时，该过程是能够预测的，甚至在某个支配的序参量正在与下一个可能的参量发生一定的冲突时，也还存在着一定的预测可能性，一旦系统被另一个序参量支配，该过程是不可预测的。一个新的序参量在形成的过程中，或是时序性序参量在改变的过程中，都会使人类社会的演化打破原有的有序而进入混沌。这种状态延续到分叉，即新序参量的役使作用得到充分的实现，人类社会则再一次进入有序。

于是，在分叉出现之前的历史过程是具有可预测性的，分叉过程中的选择是概率性事件。总之，人类对社会历史具有有限的可预测能力。

（八）三个达尔文过程的共生

生产技术结构、分工形态与制度结构的共生演化，是通过达尔文过程Ⅰ、达尔文过程Ⅱ和达尔文过程Ⅲ的共生演化得以完成的。

人类是生物演化的产物，人类社会则是人类自身演化为现代智人的产物。这是在分析人类社会时可以应用达尔文主义的基本前提。

生物演化是达尔文过程：突变、自然选择和遗传。突变发生在染色体中，其中的基因主要承担构成生物的蛋白质的复制；自然选择并不是直接选择染色体，而是选择（染色体中）基因的表现型；被选择的染色体在该种群中得到遗传。这是适应比物种个体生存时间长得多的时段中所出现的不确定性，是所有生物都有的过程，称为达尔文过程Ⅰ。

能够适应比物种个体生存时间更短得多的不确定性的物种是动物。适应的方式是发育了神经系统。动物应对不确定的方式是预测。完成该任务的神经系统，程度不同地模拟着外部世界的运行，尽快猜测外部世界的变化，做出适应该变化的行为。神经系统的模拟能力是和动物共生演化的，并越来越复杂：预测的精准度越来越高，可预测的时间段越来越长。到哺乳动物，神经系统已经发育为现今完整的大脑。人类则共生演化出能够模拟完整外部世界运行的现代智人的大脑。于是，人类在认知过程中有两个世界：一个是我们大脑中所表征的可预测的世界，另一个是外部的真实世界。

人类形成了能够模拟整个外部世界的神经元网络结构。在外部刺激下，不同神经元的轴突和树突之间在一定范围内随意联结；有后续外部刺激强化联结，没有后续刺激的则死亡；保持神经元联结的不仅是自然界的反馈，还有更重要的人际互动的适应性反馈。外部世界直接选择的不是神经元网络结构，而是神经元网络结构的表现型，是该网络结构所形成的行为信念。这和达尔文过程Ⅰ是相似的，称为达尔文过程Ⅱ。

人类的适应性行为反馈有两种不同的类型：与自然的互动，经过反馈，人类会形成趋近一致的行为；人际互动的反馈则是形成随机稳定，是由不同行为甚至是互相冲突的行为互存而博弈的结果。它们都是神经元网络结构的表现型。达尔文过程ⅡA 是适应人与自然之间的关系的演化，而达尔文过程ⅡB 则是适应人际互动关系的演化。这不意味着网络存在两类不同的结构，只是提示人类的网络结构具有两类不同的表现型。

人类的自由思想在外部适应性引导下能够创造人造物，之后又创造了文字。于是，人类的文化产物有了积累性：工具会不断改进，新工具不断产生；语言能力形成的结果使思想不再是即时消散的，而是能够积淀与传承，这就是文化。文化有独立性，文化自身成了历史，文化是演化的。在物质资源稀缺的历史阶段，人类文化产物中的生产技术结构、分工形态与制度结构成了人类社会结构的基本骨架。这个骨架是演化的。

不过，文化元素是神经元网络结构的表现型。文化的演化也是神经元网络结构演化的表现型。所以，文化的演化也是达尔文过程，称为达尔文过程Ⅲ。

基因的演化、神经元网络结构的演化和文明的演化构成了人类社会演化的基本的自然过程，即达尔文过程Ⅰ、达尔文过程Ⅱ和达尔文过程Ⅲ的共生演化，这使得社会科学应用达尔文主义有了基本的分析架构。当我们进而把文明演化的基本结构定义为生产技术结构、分工形态和制度结构时，并把制度定义为人们互动的随机稳定中有利于合作形成的共同信念时，就为具有意向性行为的个体纳入演化分析提供了技术上的可行性。

人类社会演化的基本框架及其相互的基本关系，大致如图 11 所示。

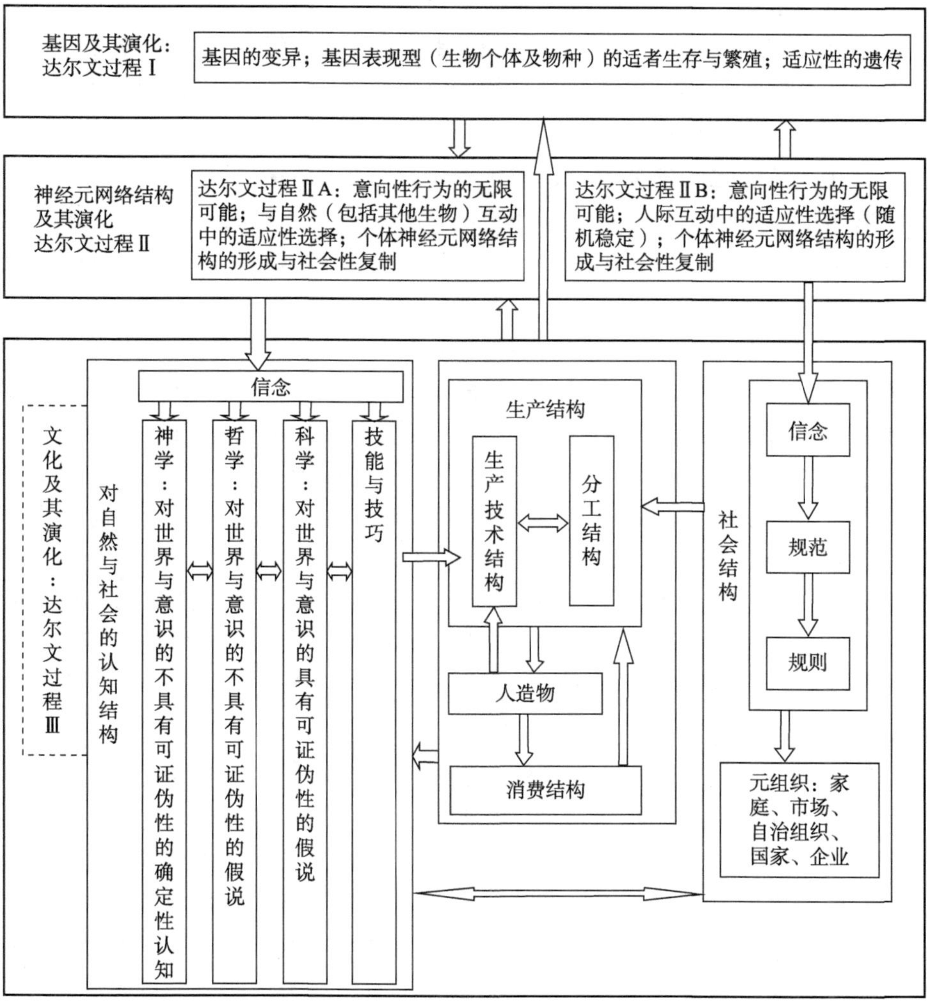

图 11　文化及其演化的示意

图 11 显示了从上而下三个粗线构成的方框。第一个方框显示的是达尔文过程Ⅰ。人当然是一种生物。人的行为都有基因所决定的先天基础：人虽然是在自由思想下的行为，但是，人也只能在基因约束的范围内所可能有的行为。当然，在基因的演化过程中，会受到大脑神经元网络结构演化的影响，当大脑神经元网络结构面对演化压力时，必须由基因的演化做回应，才能得到实际的缓解，甚至在一定的历史阶段人类基因的演化还要受到人类文化演化的影响。例如，石器的制造与使用，既改变了神经元网络结

构，也改变了人手的工程学形态。这些改变必然需要基因的演化做最终的回应。

基因的演化在人类形成与发育的早期是一个关键的演化环节，随着由神经元网络结构承担演化的压力，更进入主要由文化来承受演化压力时，基因的演化在人类及社会演化中的意义虽然仍然存在但逐步式微。

第二个粗线方框是人类大脑的神经元网络结构的形成及其演化，即达尔文过程Ⅱ。理解人类行为的形成，尤其重要的是需要区别达尔文过程ⅡA 与达尔文过程ⅡB。所以，在这个粗线框架内，用两个细线框架给予分别表示。在与自然（包括其他生物）的交往中，由于自然环境的相对稳定性，所能得到的行为经验在各个体之间大体是相近的。或者说，个体的行为是按正态分布的，故可以为这一类行为找到一个“标准行为”或“典型行为”，因此，可以通过“标准个体”或“典型个体”作为人类的代表给予建模。但是，在人与人之间的关系中，由于各个体行为的多样性，即使是同一个个体，其行为动机既可能是虑己的，也可能是虑他的，更是情景依赖的。故人类之间的适应性行为选择是由动态的随机稳定所确定的。因此，人与人之间的行为是若干种行为类型的分布，而并不存在单个的“标准”或“典型”。

神经元网络结构的演化压力不仅来自自然界的挑战，更来自人类自身人口的不断增长，人与人之间关系复杂性的上升而导致的演化压力；而人与人之间关系复杂性还表现在生产技术结构复杂性的上升，以及人类认知能力的大幅提高方面。于是，大脑结构先从左右对称向左右脑分工演化，更后，通过社会结构的复杂性而形成了社会大脑，即人类大脑，尤其是其神经元网络结构既有相似与相近的部分，能够保有大量的共同信息，从而保证了人与人之间的有效沟通；同时，不同个体的神经元网络结构又具有异质的部分，以能够形成各不相同的私人信息，尤其是与这些私人信息相关的意会知识，然后，依赖社会结构形成个体间的有序互动，使不同的大脑可以共同发挥作用。人类的社会化发展至不同个体的大脑的分化，再通过制度联结成社会大脑，共同应对稀缺的外部世界。

人类的神经元网络的同构是一个社会性复制过程，是通过共同面对相似环境的适应性回应而形成了同构的神经元网络结构，尤其是其中的与语言相关的部分；再通过语言的沟通反复修正各自的认识而达成共识，从而使相关神经元网络结构进一步同构化。这是神经元网络结构的复制与基因复制第一个重要的不同。这个复制过程决定了神经元网络结构并不是数字的复制，这是与基因复制的第二个基本不同。这样的复制，保证了神经元网络结构可能有更多的变异，这是人类文化演化更为迅速，能更快形成适应性的重要原因。

每一代人都基于在既定的文化情景中，通过自身的适应性行为重新塑造个体的神经元网络结构，而新的神经元网络结构与前人有相当大的相似性，因此，也在一定程度上复制了社会的行为方式，从而复制了人类的文化。另外，为了适应新的环境变迁，也能够在原有的文化积累的基础上有所延伸。人类所有个体大脑中神经元网络结构的总和不仅是社会大脑的实体，也是人类文化的实际载体。个体大脑中的神经元网络结构是不可能从外部直接输入的，是通过该个体大脑的神经元的适应性经验而自生演化的过程，所以，人类的文化演化仍然是一个达尔文式的演化过程。

第三个粗线方框显示的是文化及其演化。其中，又有三个细线的方框，分别表示与自然相关的生产结构与消费结构及其人造物部分，与人际互动相关的社会结构或称为制度结构部分，以及对自然与社会的认知部分。

中间的细线方框显示的是人与自然之间关系的生产结构、消费结构及人造物。生产结构由生产技术结构与分工结构所组成。新古典经济学的成就主要是在这个领域。在对自然界的认知基础上，个体所形成的技能、技巧，与工具、机器等人造物一起，构成了人类生产技术结构。一定的生产结构需要人们之间形成一定的分工形式，而分工的具体形成则需要有具体的社会结构给予保障。生产技术结构与分工结构一起成为人类一定社会发展阶段的生产方式。在具体的生产方式下，人类不断地创新人造物，扩大了人造物的种类与规模。现今人类所消费的物品都程度不同的是人造物，并在消费人造物的过程中形成一定的消费方式与消费结构。当然，消费结构也会引导生产结构的演化。在这个领域中，消费的多样化欲求与生产的专业化倾向是生产发展的两个基本推动力。

左边的细线方框显示的是对自然与社会的认知结构。认知结构由四部分组成。所有的认知都是以信念为基础的，并且包含有大量的意会认知或默会知识。首先，直接从人与自然界交往的达尔文过程ⅡA，所形成的行为信念，在创造人造物的过程，使行为实现了连贯性，并逐步形成了生产中的技能与技巧。其次，出于现象背后原因的探究，在语言与文字的支持下的逻辑思维，人类有能力对世界包括对人类社会及其意识过程，提出了众多假说。在早期，这些都不具有可证伪性，即神学与哲学。神学与哲学与科学相似，都是一种假说，但是，神学家们不会自认该知识体系是一种假说，并自认神学中有着无所不知、无所不能的“神”，所以有了某种确定性的外观。这种确定性对于人类早期具有重要的影响。哲学虽然具有自圆其说的逻辑魅力，但并不具有确定性的品格，但是，正因为如此，哲学在早期是对人类智力的巨大挑战。神学与哲学在思想史中，有着互动的关系。终于，人类进入了科学的殿堂：以具有可证伪性的假说，并通过反复地证伪，使人类认知的基础越来越可靠。从此，人类知识的积累性大大增强。哲学与科学之间也有着互动的关系，在早期，科学更多地从哲学中得到灵感或指引；随着科学知识的积累，人们越来越依赖科学本身取得灵感与指引。与此相反，一方面，哲学中相当一部分，由于有能力提出具有可证伪品格的构想，逐步成为科学的对象；另一方面，哲学越来越从科学发展中获得灵感与指引，人类从哲学时代进入了科学时代。人类的认知结构不仅不断地从社会结构和生产结构中获得灵感，同时，人类的认知结构也成为生产技术结构演化的重要动力。社会科学也必定要走入科学时代。

最右边的细线方框，显示的是以制度结构为基本构造的社会结构。在这里，用两个方框来显示形成社会结构的过程。上面的方框由信念、规范与规则所构成。人类的个体信念，是通过人际互动中的达尔文过程ⅡB 而形成的。人们经过人际互动中的随机稳定而选择了有利于合作形成的行为作为行为规范。随着人际关系的进一步复杂化，人群之中逐步有了利益的差异甚至对立，为了使规范得到巩固，需要有支持规范实施的第三方；一旦社会结构有了第三方的出现，也就从规范演化成规则（包括法律）。任何规范都是多数人的行为信念，而任何规则都是多数人自觉在遵守的规范。下面的方框则显示了人类社会中的元组织：按出现的先后，它们是家庭、市场、自治组织、国家、企业。任何组织都需要有意识地为实现相关的目标，而选择社会中某些信念、规范与规则的组合，并通过在组织内所形成的规范和规则，以确保组织中合作的顺利进行。

生产技术结构、分工结构和制度结构是人类至今文明史的基本框架。从生产技术结构出发，早已经是人类社会通史的稳定基础。元分工结构和元制度结构是受亚文化影响最小的文化因子。所以，它们可以也应该成为人类通史的主干。

这就显示了人类社会的演化是达尔文过程Ⅰ、达尔文过程Ⅱ和达尔文过程Ⅲ共生与人类社会演化之间的关系结构。

中国经济史研究的时空演化：基于 CNKI 的图谱量化分析①

柴　毅② 王文武③

摘　要：经济史学科是中国特色哲学社会科学学术体系的重要构成。基于中国期刊全文数据库（China National Knowledge Infrastructure，CNKI）1998~2018 年的 CSSCI（Chinese Social Sciences Citation Index，中文社会科学引文检索）数据，运用 CiteSpace 软件工具对我国经济史文献做可视化、图谱化研究。在分析关键词、关键词聚类、文献作者、代表性文献、研究机构的基础上，勾勒出经济史研究热点及发展现状；在绘制网络知识图谱的基础上，描绘出中国经济史研究的时空演化趋势图。研究发现，中国经济史研究形成了研究重镇与研究中心的层级梯队，但合作性较弱；当前我国经济史研究迫切需要与经济理论的融合；"跨学科"研究范式是经济史学的发展方向。

关键词：经济史；时空演化；图谱量化；可视化
中图分类号：F091

一、引　　言

2016 年 5 月 17 日，习近平在哲学社会科学工作座谈会上指出，"加快构建中国特色哲学社会科学……要按照立足中国、借鉴国外，挖掘历史、把握当代，关怀人类、面向未来的思路，着力构建中国特色哲学社会科学，在指导思想、学科体系、学术体系、话语体系等方面充分体现中国特色、中国风格、中国气派"。学术体系、话语体系建设，离不开中国风格的学术建构体，而经济史学科正是中国特色哲学社会科学学术体系的重要组成部分。

经济史作为一门"跨学科的学科"（赵德馨，1999），既是理论经济学下的二级学科，又是历史学专史下的三级学科。学界对经济史的理解各有千秋。首先，经济史的学

① 本文受国家社会科学基金项目"先秦时期城市经济发展思想研究"(17BJL024)、国家民委民族课题青年项目"财税、移民与教育：西南边疆融入中华民族多元一体格局的路径研究"（2019-GMC-043）、云南大学一流学科建设项目"中国特色社会主义政治经济学教学科研队伍建设"（C176210205）和"区域合作理论创新高地"（C76240103）的资助，系云南省社会科学界联合会项目"新中国 70 年来中国特色社会主义政治经济学的创新研究"的阶段性成果。

② 柴毅，云南大学经济学院副教授，研究方向：经济思想史。

③ 王文武，云南大学经济学院硕士研究生，研究方向：经济思想史。

科分类。经济史学从门学科角度出发，鉴于研究对象的多重性，分为经济史、经济史和经济思想史学科的统称、经济学与经济史的结合（钟祥财，2015）、社会经济史或社会史（李伯重，2008）。其次，经济史研究的阶段划分。按照时间演进划分为古代史、近代史、当代史（李根蟠，1999；见声，2009；武力，2010）；按照经济史学发展历程，划分为萌芽阶段、形成阶段、转型阶段和繁荣阶段（李伯重，2008）。再次，经济史的演进范式。因经济史的跨学科性质，存在两种研究中国经济史的范式，一种偏重历史学方法，注重文献诠释和史料考证；另一种偏重经济学方法，注重经济理论和数量分析（吴承明，2005），经济学范式和历史学范式的融合（赵德馨，1999；李伯重，2001；陈志武，2016），经济学范式在经济史演进中的融合、应用（王玉茹，2007；孙圣民，2009）。最后，经济史学的回顾与展望。尽管（经济史学）出现了某种“衰落”征象，但大量新资料的挖掘整理及相应的技术手段的进步、新研究方法的出现，还有随时代剧变而来的理论挑战，也给经济史研究带来了新的机遇（高超群和黄英伟，2017）。改革开放四十余年，把中国经济史学纳入国际史学来总结历史、展望未来发展，构建中国经济史的话语体系（魏明孔和丰若非，2018）。

经济史学作为理论经济学下的二级学科，近年来发展缓慢。从 20 世纪 90 年代后半期开始，中国经济史出现了某种“危机”或者“衰落”的征象（高超群和黄英伟，2017）。经济史研究在国内经济学界长期以来一直处于冷僻角落，甚至一度沦落到“旁门左道”的地步（孙圣民，2016）。这与构建中国特色哲学社会科学话语体系背道而驰。随着我国经济快速发展和文化底蕴的恢复，经济史能为中国特色社会主义市场经济理论提供历史依据。鉴于此，本文通过对 1998~2018 年我国经济史研究的计量分析，从文献可视化视角对经济史研究现状进行总结，描绘出该领域的研究热点、演化趋势，为经济史学科的发展提供参考、为经济史学科的研究提供借鉴、为市场经济的构建提供历史依据。

二、数据来源与描述性统计

本文选取的文献来自 CNKI。为保证研究质量、反映学术成果和研究方向，期刊来源设为 CSSCI。搜索主题词为“经济史”，文献分类目录设为“哲学与人文科学”“社会科学 1 辑”“社会科学 2 辑”“经济与管理科学”，不设年限，附加“中英文扩展”，共检索到文献 2 027 篇。其中，时间为 1998~2018 年，去除无作者、会议纪要、编者语及征稿启事等非研究性文献，共获得论文 1 891 篇。

文章使用 CiteSpace 分析软件对文献进行可视化处理。文献计量分析是采用数学与统计方法对文献信息进行计量分析，分析文献特征、结构和规律的量化分析方法，可以定量地揭示某一研究领域的发展历程、研究热点及未来的研究方向。目前，文献计量分析已被看作总结历史研究成果、揭示研究趋势的一种重要工具（魏志华等，2013）。

由图 1 可知，1998~2018 年，年均发表经济史研究论文 90 篇，且呈现波动上升特征。1998~2002 年为启蒙期，年均发表论文量 61.4 篇。2003~2008 年为上升期，年均发文量超过 90 篇，最高为 133 篇，经济史学热潮逐渐涌现。2009~2012 年为反思期，虽年均发文 108 篇，但呈现下降趋势。2013~2018 年为充实期，年均发文 96.5 篇。图 2 列出了经济史研究发文量前十的期刊，共发表 700 篇文献，约占 37.02%。《中国经济史研究》发文量处于绝对优势，年均发文量超过 17 篇，共发表文章 375 篇，占比 19.83%。《中国社会经济史研究》《历史研究》《史学月刊》共发文 159 篇，共占 8.41%。除《中国社会经济史研究》（2013 年）、《历史研究》（2003 年）发文量超过 8 篇，其他期刊的年发文数量均在 8 篇以内。十八大以来，国家大力鼓励传统思想、传统文化，2014 年来总发文数量出现上升趋势，但个别期刊印发经济史研究文章少的特点一直延续。

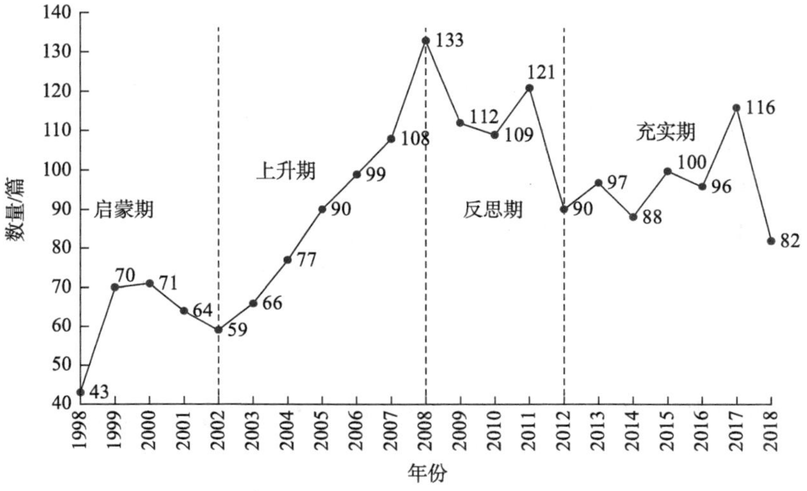

图 1　1998~2018 年经济史文章发表数量

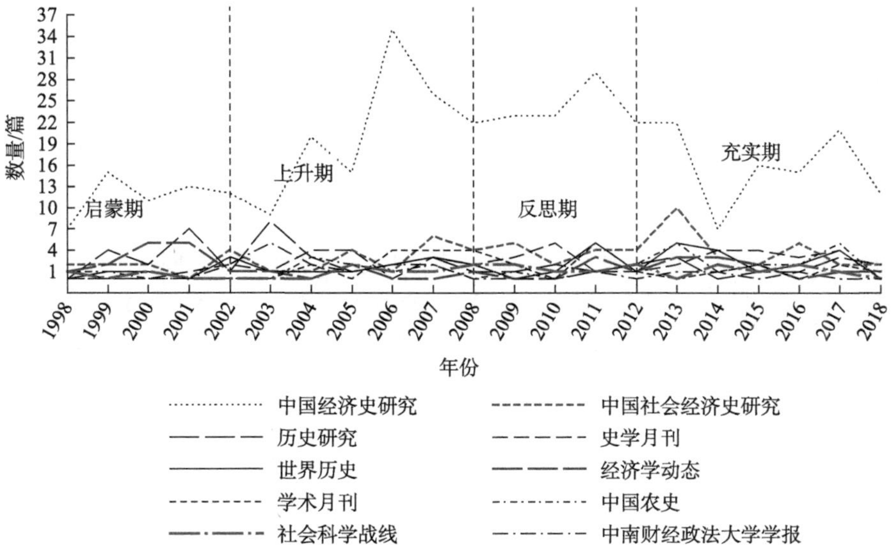

图 2　1998~2018 年经济史十大期刊发文数量

三、经济史研究的文献计量分析

（一）模型说明

本文运用共词分析和聚类分析等文献计量研究方法分析国内经济史的研究现状、热点及趋势。共词分析是利用词频分析获取代表性主题，并运用对等指标计算两两之间的亲疏关系，进而得到该领域的内在结构和变化趋势。

1. 余弦指数

余弦指数是用来测度共被引网络或共词网络中，文献之间的共被引关系和强度，或关键词之间的共现关系和强度的重要指标。其计算公式一般表示为

$$\text{Cosine}=\frac{R_{ij}}{\sqrt{Q_i}\sqrt{Q_j}}$$

其中，Q_i 表示文献 i 在给定文献集合中出现的次数；Q_j 表示文献 j 在给定文献集合中出现的次数；R_{ij} 表示文献 i、j 共同出现的次数。余弦指数的取值范围为 0~1，值越大，表明知识单元间的共现强度越高；值越小，表明知识单元间的共现强度越弱；若值为 0，则表示两个知识单元之间不存在共现关系。在网络知识图谱中，是通过连线的粗细来表明知识单元间的共现强度的，连线越粗，共现强度越强；若两个点之间没有连线，则表明两个单元间没有共现关系。

2. 中心度指标

中心度指标是聚类标签中一个聚类与其他所有聚类标签的平均共现频次的离差。若 N 个共现的关键词形成 k 个聚类，每个聚类中有 M 个关键词，F 为共现频次，则中心度指标为

$$C_i=\frac{1}{M}\sum_{j=1}^{m}T_{ij}-\frac{1}{N}\sum_{s=1}^{n}T_s \quad (i=1,2,\cdots,k)$$

其中，C_i 为第 i 个聚类的中心度，代表该聚类受关注程度；$\frac{1}{M}\sum_{j=1}^{m}T_{ij}$ 为第 i 个聚类中 M 个关键词的平均共现频次；$\frac{1}{N}\sum_{s=1}^{n}T_s$ 为共现的 N 个关键词的平均共现频次。

3. 突显度指标

突显度指标是指特定聚类与其他所有聚类中，其关键词达到阈值的平均共现时长的离差。设 N 个共现词形成了 k 个聚类，单一聚类中有 M 个关键词，Y 表示出现的年份，则突显度指标的计算公式为

$$\text{ND}_i=\frac{1}{M}\sum_{j=1}^{m}Y_{ij}-\frac{1}{N}\sum_{s=1}^{n}Y_s \quad (i=1,2,\cdots,k)$$

其中，ND_i 为聚类 i 的突显度；$\frac{1}{M}\sum_{j=1}^{m}Y_{ij}$ 为聚类 i 的 M 个关键词年平均共现次数；$\frac{1}{N}\sum_{s=1}^{n}Y_s$ 为聚类中所有关键词的年平均共现数。

（二）实证分析

1. 关键词共现矩阵

关键词是论文主题的高度浓缩和凝练，是学术论文的核心（马文博和陈占明，2018）。运行CiteSpace引文空间，时间跨度设置为1998~2018年，时间切片设置为1年，选择“关键词”作为分析对象。每一时间切片的阈值设为前30%和前10%，用余弦指数计算连接强度。得到经济史研究领域关键词共现网络图谱，获得高频率“关键词”404个，连接线1 611条。图3中节点大小表示该关键词在文献里出现频率的高低，节点越大，出现频率越高；节点间的连接线表示“关键词”之间的共现强弱，连线越粗，共现强度越大（罗润东和徐丹丹，2015）。经济史、中华人民共和国、中国经济史研究、学科、社会经济史、中国经济史等词频递进明显，构成了经济史学研究的主框架。

使用Ucinet将关键词导入共现矩阵，去除孤立关键词后，利用NetDraw软件绘制关键词共现演进网络图谱（图4）。节点越大表明该关键词出现频次越多，关键词之间的连接线越多表明该关键词在网络中的作用越大。经济史、中国经济史研究、经济改革、市场经济、经济体制、封建主义等关键词成为网络图谱的核心。图4也描述了各关键词的演进关系，以“中国经济史研究”为例，衍生出“中国现代经济史”“中国社会经济史研究”“中国近代经济史”；“经济史”衍生出“经济史学”“社会经济史”。

表1列出了经济史论文中出现的高频率“关键词”。“经济史”“中华人民共和国”“中国经济史研究”等18个关键词和高频率词代表了经济史研究领域的热点，构成了研究的主体。高显著度里唯一的人名是“吴承明”（中心度0.08），与“吴承明”有关的文献有35篇，无论从时间线演进趋势，还是从文献发表的年度来看，每年都保持2篇左右的发文量。

从表2来看，各时期的次高关键词频更能反映经济史研究的特点。启蒙期（1998~2002年）我国的商品经济转型尚未完成，市场经济地位未确立，向西方研讨、向历史探寻成为必然选择，“国际学术研讨会”“商品经济”“市场经济”成为研究热点。上升期（2003~2008年）以经济发展为主线，探寻“农业”“财政”等微观要素如何在“市场经济”中发挥优势，关注“方法论”“制度变迁”等要素在“社会”转型中的作用。反思期（2009~2012年）则关注“GDP”①和“经济增长”，围绕外部环境变化找寻“经济史学”、“学科”发展及“经济体制”的变迁路径。充实期（2013~2018年）则转变到“经济思想史”（“经济史学”），强调“经济学”“经济学理论”“《资本论》”等对“经济”发展的指引作用。从高频词出现时间来看，部分关键词一贯性、递延性明显，凸显了社会的时代特征，如1998年出现的“市场经济”一直延续到2012年。从关键词来看，充实期是我国社会经济转型的时期，研究热点与前三期的递进关联性较弱，强调专业化和经济理论的指引作用。

① GDP：gross domestic product，国内生产总值。

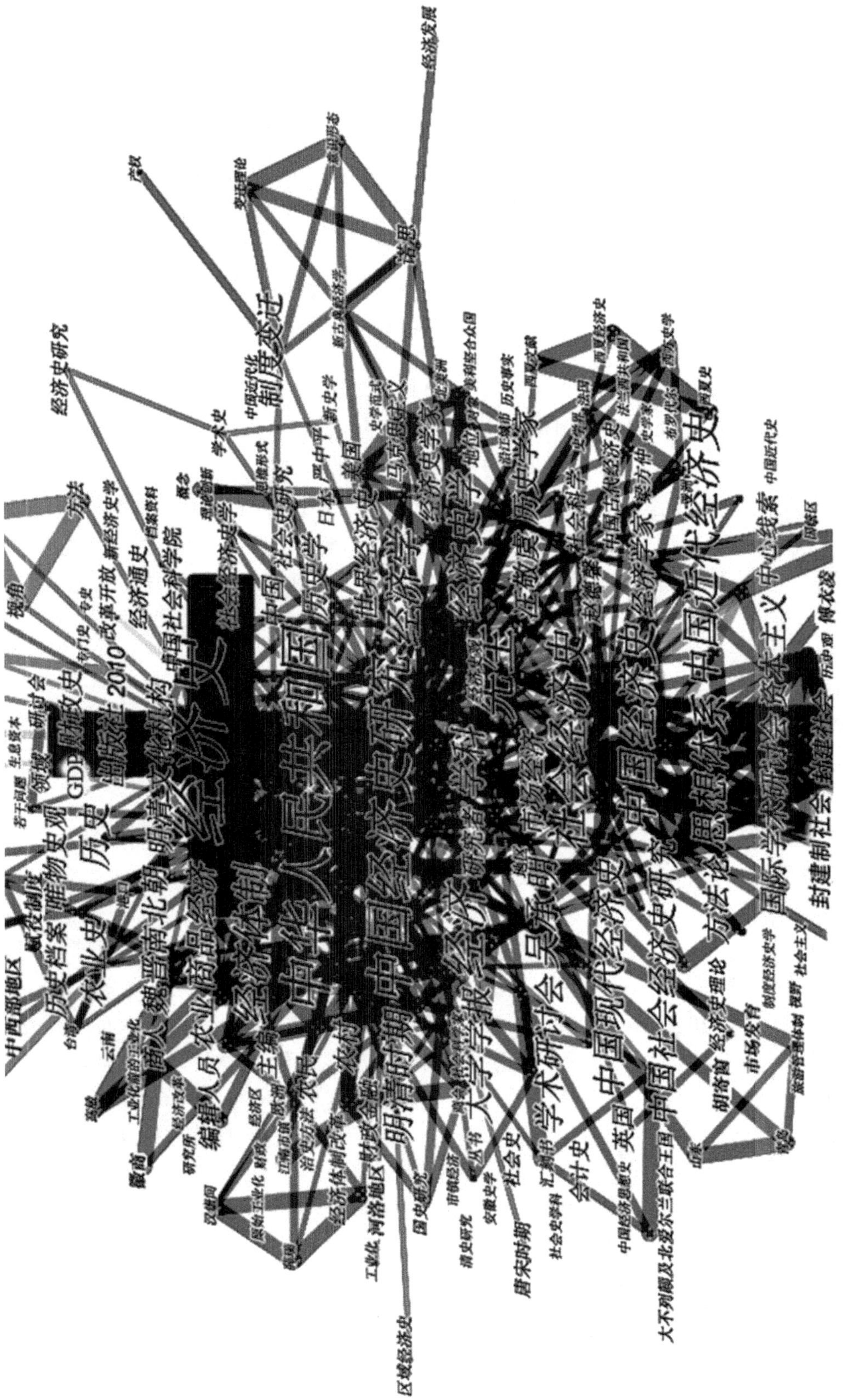

图 3　经济史研究关键词共现网络图谱

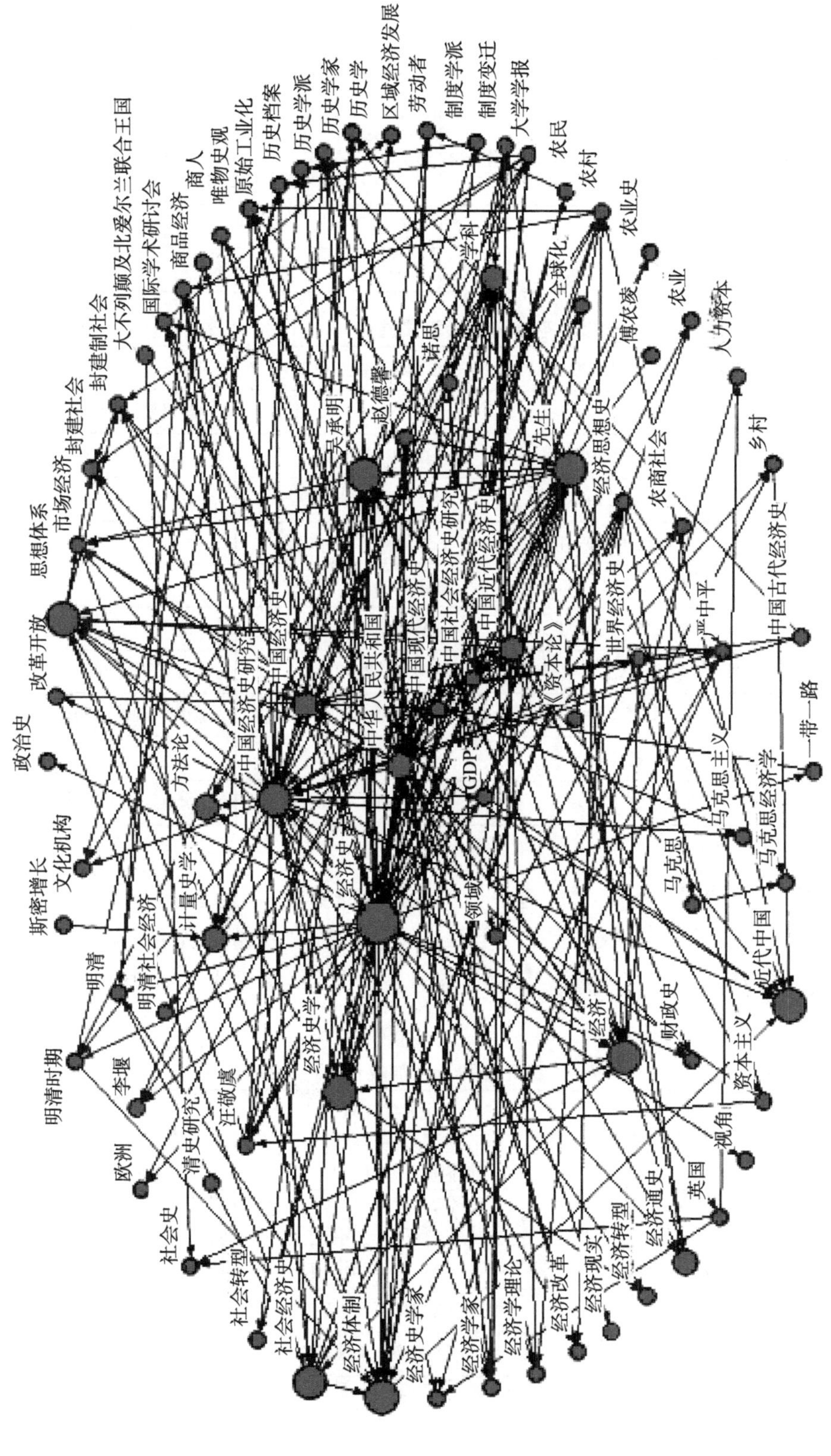

图 4 经济史研究关键词共现演进网络图谱

表 1 1998~2018 年高频率关键词

名称	数量	中心度	名称	数量	中心度	名称	数量	中心度
经济史	519	0.29	中华人民共和国	138	0.12	中国经济史研究	94	0.16
经济	73	0.13	先生	71	0.11	社会经济史	62	0.11
中国近代经济史	45	0.05	中国经济史	45	0.12	经济学	44	0.07
思想体系	40	0.11	经济体制	38	0.02	中国现代经济史	37	0.08
学科	35	0.08	吴承明	35	0.08	经济史学	31	0.06
明清时期	29	0.06	历史	21	0.01	唯物史观	21	0.03

表 2 各时期高频率关键词

启蒙期（1998~2002 年）	上升期（2003~2008 年）	反思期（2009~2012 年）	充实期（2013~2018 年）
国际学术研讨会（2000 年）	农业史（1999 年）	近代中国（2002 年）	经济思想史（2013 年）
商品经济（1999 年）	思想体系（1998 年）	GDP（2009 年）	社会经济史（1998 年）
市场经济（1998 年）	封建社会（1998 年）	学科（1998 年）	经济（1998 年）
领域（1999 年）	方法论（2001 年）	经济增长（2008 年）	经济史学（1999 年）
社会科学（1999 年）	封建制社会（1998 年）	经济体制（1998 年）	学科（1998 年）
制度变迁（2000 年）	财政史（2000 年）	历史学家（2000 年）	经济学（1999 年）
世界经济史（1999 年）	农业（2003 年）	英国（2002 年）	汪敬虞（2007 年）
农村（1998 年）	制度变迁（2000 年）	经济史学（1999 年）	经济学理论（2012 年）
地位（1999 年）	市场经济（1998 年）	唯物史观（2002 年）	《资本论》（2017 年）
历史档案（1999 年）	商品经济（1999 年）	市场经济（1998 年）	农商社会（2016 年）

注：括号内为第一次出现时间

对“关键词”进行再聚类分析，能进一步揭示经济史知识演进路径。将 404 个关键词聚类，按从大到小顺序依次为经济史、先生、文化机构、商品经济、封建社会、概念、农村、美利坚合众国、历史学家、GDP（表 3），这些关键词构成了该领域的研究主体。

表 3 关键词聚类及聚类成员

序号	聚类	主要关键词
1	经济史	中华人民共和国，中国经济史，东南沿海，近代城市，沿江城市，经济思想史，人物经济思想史研究，学科体系
2	先生	中国近代经济史，中国经济史研究，经济史学派，中国资本主义发展史，初步繁荣，经济史学，历史学家，历史制度分析，社会科学，商业信用
3	文化机构	经济体制，商品经济，经济发达地区，敦煌寺院，中国社会经济史研究，安徽史学，晚明士人
4	商品经济	经济体制，商品经济，中国经济史研究，明清时期，清史研究，满族研究
5	封建社会	封建制社会，社会史论战，农村经济，地主经济，中国经济史，近代城市，上海道台，东南沿海
6	概念	社会经济史，中国古代史，魏晋南北朝，长江中游，新经济史学，社会史研究，社会分化，整体社会史，婚姻家庭模式，社会学理论

续表

序号	聚类	主要关键词
7	农村	中华人民共和国，经济改革，经济体制改革，计划经济体制，抗战时期，抗日根据地，中央、中国、交通、农民四银行联合办事总处
8	美利坚合众国	美国，财政金融，制度变迁，产权，布罗代尔，研究范式，现代制度学派
9	历史学家	历史学家，资料整理，大清历朝实录，中国古代经济史，中国近代经济史，经济史学，史学概论，经济通史
10	GDP	经济体制，市场经济，实际工资，国民收入，经济收入，大不列颠及北爱尔兰联合王国，西欧中世纪城市，西方学者，变动趋势，总和物价指数

不同聚类里的关键词交叉出现，阐明了不同知识群之间存在着相关联系。“经济史”是所有聚类中最大的聚类，也是研究领域的核心知识群。“美利坚合众国”聚类汇集了制度变迁等主要关键词。制度变迁就是新制度产生、替代或改变旧制度的动态过程，诺思是代表人物。关于诺思及其理论的文献就有 14 篇，其中有马广奇的《制度变迁理论：评述与启示》、蒋雅文的《诺思的制度变迁理论评析》、彭文平的《制度变迁理论的新动向》等论文，将制度变迁理论引进中国经济史研究。

2. 论文作者

图5是多产作者的网络图谱。共获得“作者”节点数86个，连接数十条，显示了经济史研究领域多产作者及作者间的合作关系。有重要影响力的学者的中心度节点都比较大。例如，北京大学李伯重（发文53篇），李伯重是国内外公认的中国经济史研究方面的权威学者，主要研究领域为中国古代史、经济体制改革、经济史等；中南财经政法大学赵德馨（发文15篇），主要研究领域为经济体制改革、中国近现代史、经济史、货币文化等；中国社会科学院经济研究所吴承明（发文11篇），主要研究领域为经济体制改革、经济理论及经济思想史、人物传记；清华大学龙登高（发文32篇），主要研究领域为农业经济、经济体制改革、企业经济；中国人民大学贾根良（发文10篇），主要研究领域为经济理论、经济思想史、经济体制改革、演化经济学；香港大学陈志武（发文15篇），主要研究领域为金融、经济体制改革、史学理论；上海财经大学杜恂诚（发文45篇），主要研究领域为金融、中国近现代史、经济体制改革；中国社会科学院经济研究所李根蟠（发文10篇），主要研究领域为农业基础科学、农业经济、经济体制改革；南开大学邓宏图（发文9篇），主要研究领域为农业经济、经济体制改革、制度变迁、历史理性。经济学合作的特征明显，而史学家却少有合作传统（这个判断仅建立在对国内期刊所载经济史文献定量分析的基础上，不排除其他研究领域的史学家有合作偏好）（孙圣民，2016）。从网络图谱节点间的连接线来看，各节点间连接少或连接度弱，彰显出学者之间合作研究关系较弱，属于“单打独斗”做研究。

值得注意的是，近年来学界在经济史研究中运用经济学范式日益显现，采用历史计量学研究方法的作者逐渐增多，作者间的合作也在增加，给经济史学发展带来了新的探索路径（表4）。

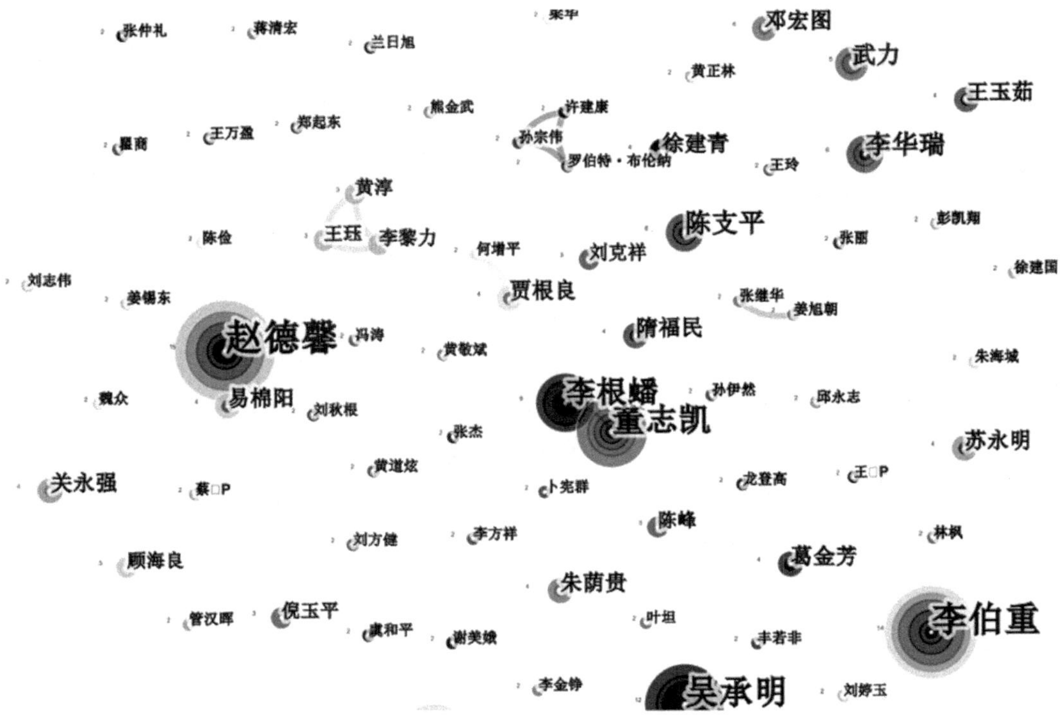

图 5　发文作者网络共现图谱

表 4　近年来历史计量学代表文献

作者	论文名称	发表期刊	发表年份	下载量/次
陈志武、林展、彭凯翔	民间借贷中的暴力冲突：清代债务命案研究	经济研究	2014	2 890
李伯重	科学看待量化方法在史学研究中的作用	当代中国史研究	2015	456
李楠、甄茂生	分家析产、财富冲击与生育行为：基于清代至民国初期浙南乡村的实证分析	经济研究	2015	1 752
龙登高、温方方、邱永志	典田的性质与权益——基于清代与宋代的比较研究	历史研究	2016	897
余开亮	清代粮价的空间溢出效应及其演变研究（1738—1820）	中国经济史研究	2017	208

3. 研究机构

从研究机构的网络图谱（图 6）来看，共获得“机构”节点数 92 个，连接数 15 条。国内经济史主要研究机构有中国社会科学院经济研究所、南开大学经济研究所、中国人民大学经济学院、中南财经政法大学经济学院、厦门大学历史系、上海财经大学经济学院、北京大学经济学院等，在该领域有较大影响力的知名学者基本集中于上述几个机构。如同“作者”的网络知识图谱一样，各个科研机构间相互连接很少，甚至同一科研机构内部之间也很少开展合作研究。

图 6 经济史研究主要科研机构共现网络图谱

4. 高被引论文

表 5 是根据检索结果整理的经济史研究领域高被引文献。高被引文献代表了文献在该领域的学术影响力和研究热点，被引次数也是衡量期刊质量的重要指标。1998~2018 年，被引次数最高的是冯筱才的《中国商会史研究之回顾与反思》，该文章通过总结我国近代商会史研究的发展道路与存在的问题，促进该研究领域的进步，文中还提出在史学研究中，方法论与历史资料同等重要。刘伟的《经济发展和改革的历史性变化与增长方式的根本转变》、马广奇的《制度变迁理论：评述与启示》和任放的《二十世纪明清市镇经济研究》等作为高被引论文的代表，树立了经济史学的研究热点。

表 5　经济史研究领域高被引文献（1998~2018 年）

序号	作者	文章名	刊名	发表年份	被引次数
1	冯筱才	中国商会史研究之回顾与反思	历史研究	2001	187
2	刘伟	经济发展和改革的历史性变化与增长方式的根本转变	经济研究	2006	174
3	马广奇	制度变迁理论：评述与启示	生产力研究	2005	152
4	任放	二十世纪明清市镇经济研究	历史研究	2001	134
5	秦海	制度范式与制度主义	社会学研究	1999	102
6	李伯重	“选精”、“集粹”与“宋代江南农业革命”——对传统经济史研究方法的检讨	中国社会科学	2000	99
7	朱浒	二十世纪清代灾荒史研究述评	清史研究	2003	91
8	黄宗智	中国的现代家庭：来自经济史和法律史的视角	开放时代	2011	89
9	韩晶、朱洪泉	经济增长的制度因素分析	南开经济研究	2000	88
10	卢现祥	共享经济：交易成本最小化、制度变革与制度供给	社会科学战线	2016	81
11	阿弗纳·格雷夫、韩毅	历史制度分析：从经济史视角研究制度问题的新进展	经济社会体制比较	2003	81
12	吴承明	经济史：历史观与方法论	中国经济史研究	2001	77
13	李金铮、邹晓昇	二十年来中国近代乡村经济史的新探索	历史研究	2003	74
14	贾根良	第三次工业革命与新型工业化道路的新思维——来自演化经济学和经济史的视角	中国人民大学学报	2013	73
15	李根蟠	环境史视野与经济史研究——以农史为中心的思考	南开学报	2006	72
16	李根蟠	二十世纪的中国古代经济史研究	历史研究	1999	71
17	朱英	中国行会史研究的回顾与展望	历史研究	2003	70
18	孙丽军、石磊	社会资本：文献与进一步的研究	社会科学	2003	69
19	林岗、刘元春、张宇	诺斯与马克思：关于社会发展和制度变迁动力的比较	中国人民大学学报	2000	66
20	张杰	二重结构与制度演进——对中国经济史的一种新的尝试性解释	社会科学战线	1998	62

经济史研究高被引次数靠前的论文发表时间基本上都在 10 年以上，平均为 14.45 年。我们分析了高被引论文与发文时间的关系，两者的相关系数 ρ=–0.021 2，且并不显著（P 值=0.929 3），如贾根良（2013 年）、卢现祥（2016 年）的文章虽然发表时间短，但依然是高被引文章，即高被引文献的引用次数与文章发表的年份没有明显关联，新发表的论文同样能成为高被引文献（周春平，2016）。

5. 时间线演进趋势

时间线图展现了每个聚类发展演变的时间跨度与研究进程。通过各时间段的连线，可以看出知识演进的时空演化关系。根据时间线图可知，经济史聚类是所有聚类中最大的，年度间取得的研究成果也居前，该领域一直处于研究繁荣期，2003 年还出现一个较明显的研究凸显。同时，除了本聚类内部知识的相互传承外，不同年度间聚类之间的知识传承也较多，这反映了不同研究关注点间的相互关联性。“美利坚合众国”聚类和“历史学家”聚类在头几年里研究较多，但是后来的跟进研究就减少了许多。“经济史”聚类与“商品经济”聚类、“封建社会”聚类在前几年的跨聚类连线较多，呈现出 20 年间较强的知识传承关系。

四、结论与展望

本文运用 CiteSpace 软件对经济史研究领域的 1 891 篇文献（1998~2018 年）进行了定量研究和可视化分析，从整体上把握经济史研究领域的发展演化路径。研究结果显示，经济史研究在当代影响力不断萎缩（李伯重，2008；高超群和黄英伟，2017），但历史悠久，主要表现在以下几个方面：第一，经济史领域经过十多年的快速增长后，自 2008 年发文量开始调整充实，形成了以中国社会科学院、南开大学、中国人民大学、中南财经政法大学、厦门大学、上海财经大学、北京大学等为核心的学术重镇，其他研究中心（科研机构）仍处于追赶地位，机构之间与机构内部的科研合作性较弱。第二，从高被引文献来看，冯筱才、任放、李伯重、黄宗智、李根蟠等学者，从商会史、市镇、江南、法律史、农史等视角，构建了经济史的历史研究热点；刘伟、马广奇、秦海、吴承明、贾根良等学者，将制度（变迁）、经济增长、演化等理论引入经济史，形成了经济史的制度创新研究。该领域的研究热点经历了“启蒙期—上升期—反思期—充实期”四个阶段，当前的研究主要集中在经济、经济学、经济学理论、《资本论》等方面对经济史的理论指导作用上。第三，从关键词分析看，经济史、中华人民共和国等 18 个高频词，反映了经济史研究与社会发展高度契合的特征。通过关键词图谱，可以看到关键词既呈现出一贯性与联系性（商品经济、市场经济），又呈现出创新性与时代性（经济、GDP），体现出“历史与现实并重、一贯与创新并存”的特征。

在取得相关成就之时，也存在一些问题及反思，主要表现如下：第一，学术论文刊发量少。每年不足 100 篇的发文数量，难以针对我国社会转型的新时代提出有益借鉴。

大量文献集中在近现代，对我国古代经济史的研究和挖掘有待提升与充实。第二，经济史学研究范式的提升。作为经济学和历史学的交叉学科，两种研究范式既有融合也存有不兼容，如何培育规范的研究范式，充分体现经济史学“跨学科的学科”特点，是繁荣该学科的重要途径。第三，中国经济史的国际影响力有待提升。经济史学是最有利于检验理论与实践是否相符的学科。提升经济史学的国际影响力，既有助于对当前西方经济理论的反思与创新，又有利于构建中国特色社会主义市场经济理论，为实现中华民族伟大复兴的中国梦添砖加瓦。

参 考 文 献

陈志武. 2016. 量化历史研究的过去与未来. 清史研究，（11）：88-91.
高超群，黄英伟. 2017. 中国经济史研究的挑战与机遇刍议. 历史教学：高校版，（12）：26-33.
见声. 2009. 建国 60 年来中国近代经济史学科与研究. 中国经济史研究，（4）：158-162.
李伯重. 2001. 历史上的经济革命与经济史的研究方法. 中国社会科学，（6）：171-185.
李伯重. 2008. 回顾与展望：中国社会经济史学百年沧桑. 文史哲，（1）：5-22.
李根蟠. 1999. 二十世纪的中国古代经济史研究. 历史研究，（3）：126-150.
罗润东，徐丹丹. 2015. 我国政治经济学研究领域前沿动态追踪——对2000年以来CNKI数据库的文献计量分析. 经济学动态，（1）：86-95.
马文博，陈占明. 2018.《经济研究》近十年载文的文献计量与知识图谱分析. 现代情报，38（2）：148-156.
孙圣民. 2009. 历史计量学五十年——经济学和史学范式的冲突、融合与发展. 中国社会科学，（4）：142-161.
孙圣民. 2016. 对国内经济史研究中经济学范式应用的思考. 历史研究，（1）：149-167.
王玉茹. 2007. 经济史与经济学理论. 学术月刊，（1）：127-130.
魏明孔，丰若非. 2018. 改革开放 40 年中国经济史研究的回顾与展望. 中国经济史研究，（5）：77-85.
魏志华，林亚清，吴育辉，等. 2013. 家族企业研究：一个文献计量分析. 经济学（季刊），13（1）：27-56.
吴承明. 2005. 谈谈经济史研究方法问题. 中国经济史研究，（1）：3-5.
武力. 2010. 改革开放以来中国现代经济史学科的发展和成果. 中共党史研究，（7）：11-14.
赵德馨. 1999. 经济史学科的分类与研究方法. 中国经济史研究，（1）：122-125.
钟祥财. 2015. 关于经济史学的几个问题. 上海经济研究，（1）：114-125.
周春平. 2016. 中国马克思主义经济学研究现状与趋势——基于 CSSCI（2000~2015）来源期刊的文献考察. 当代经济研究，（11）：26-35.

南北市场整合再比较——基于 19 世纪以来清代粮食市场的量化分析[①]

孔得伟[②]　雷　鸣[③]　杨　芸[④]

摘　要：市场整合问题一直是经济史领域的热点话题。利用国内学者出版的粮价资料，本文建立了清代 1801~1911 年 15 省的府级粮价数据，使用协整与回归的方法比较了南北市场整合情况。结果显示，南方的市场整合情况仍优于北方，在控制季节效应、作物品种、气象条件后结果依然稳健。文中发现通商口岸地区在近代前市场整合情况就已不错，市场发育情况是通商口岸被选择的一个重要因素，修正了以往学者对通商口岸地区市场整合的看法；进一步，本文测算了南北市场整合距离，发现北方在 600 千米左右，南方则并不存在这一概念，显示了南方省际分工的高度发达。最后，本文从交通变革、商人组织与种植技术等角度探讨了南北市场整合差异的来源。

关键词：南北；市场整合；通商口岸；交通；商人组织

中图分类号：F129

一、引　言

市场发育问题是经济史研究的重要领域，利用粮价数据对市场整合的研究一直是经济史学界的传统话题。王国斌等（1990）对湖南省、陈春声（1992）对广东省、Li（2000）对直隶省、赵伟洪（2016）对江西省考察了清代市场整合情况。对于超过一省范围更大地区的市场整合，马立博（1992）利用 18 世纪的粮价数据探究了两广地区的市场整合；张瑞威（2010）探讨了 18 世纪北方运河沿岸地区与江南之间的市场整合；谢美娥（2010）探讨了 18 世纪台湾与东南沿海地区的市场联系；朱琳（2016）对乾嘉道时期淮河流域、罗畅等（2018）对乾隆时期长江流域的市场整合做了分析。这些研究偏重局部区域的研究。对于市场整合的宏观层次上跨区域比较尚不多，目前可见的有，Shiue 和 Keller（2004）对 18 世纪长三角地区与西欧的市场整合进行了对比，

---

① 韩国高等教育财团、南开大学亚洲研究中心课题“新教传播与近代中日韩现代化转型比较研究”（编号：AS1902）

② 孔得伟，男，南开大学经济学院博士研究生，研究方向：近代经济史、经济地理。

③ 雷鸣（通讯作者），男，历史学博士，南开大学经济学院副教授，研究方向：历史制度分析。

④ 杨芸，女，南开大学经济学院博士研究生，研究方向：产业经济学。

但长三角地区只能代表中国南方地区的情况。与南方相对的北方地区，市场整合情况又是如何呢？

目前突破性的进展是，颜色和刘丛（2011）利用粮价单数据对比了 18 世纪中国南北方之间的市场整合，得出南方的市场整合比北方好的结论，并将这一差异归咎于河流条件导致的交通差别。笔者认为关于南北市场整合的差异问题，仍有进一步探讨的空间。南北之间存在诸多差异，除了交通差异，还有气候条件的不同，近年来，气候与市场整合的关系得到了更多的关注，如阮建青和李垚（2018）、胡鹏和李军（2019a）指出自然灾害促进了市场整合，南北气候显然有别，是否可能通过其他途径影响市场整合的结果呢？南北文化也有较强的地域差别，由文化而衍生的制度差别是否也会影响南北市场整合？新制度经济学强调制度对长期经济增长的重要性，良好的制度环境意味着产权得到保护、市场规则更为健全，清代南北市场的制度环境是否有这一制度差异，值得我们思考。大多数学者关注 18 世纪的市场整合，19 世纪衔接古代与近代，是中国历史上重要的嬗变时期，南北市场整合又会有何种变化？另外，李嘉楠等（2019）考察了通商口岸开放与市场整合，认为是开放促进了市场整合，口岸地区市场整合效应并不显著。口岸地区绝大多数位于南方地区，区位条件优越，口岸地区是否如李嘉楠一文所说的近代前市场整合欠佳还值得进一步商榷。

基于此，本文在前人的基础上进一步整理了时间和空间覆盖面更广的清代粮价数据，时间涵盖了 1801 年以后的整个清代，跨越古代与近代，进行长时段的南北市场整合对比，同时本文利用了国内多位学者的粮价资料，数据更为充足完整；范围包括北方 6 省 80 个府、南方 9 省 107 个府，采用协整与回归的方法分析了 19 世纪以来的中国南北市场整合的差异。

本文的创新和贡献包括：结合国内学者整理的粮价资料，建立了全国范围内的粮价面板数据，通过空间插值法建立了全国旱涝等级序列，对数据的处理更为科学；通过对南北各省市场整合指数的计算，确认了南方省际分工的存在，并提出了一个分工出现的可能机制，丰富了市场整合与分工关系的文献；分析了通商口岸地区近代前的市场发育情况，修正了以往学者对通商口岸地区市场整合的看法；从交通变革、商人组织与种植技术等多角度探讨了南北市场整合差异的来源，丰富了区域市场整合对比的文献。

本文其余部分安排如下：第二节是历史背景与数据，介绍了清代的粮食贸易相关情况及主要数据；第三节是南北市场整合对比的实证分析；第四节是对南北市场整合差异原因的思考；第五节是本文主要结论。

二、历史背景与数据

（一）清代的粮食贸易

在我国悠久的商品经济发展史中，粮食贸易无疑占有重要地位。至于清时期的粮食贸易，则更是远盛于以往历史上任何一个时代。据估计，到鸦片战争前夕，国内商品的流通总额约为 3.88 亿两，其中粮食占比高达 42.14%（吴承明，2001）。除此之外，清代前期的粮食贸易，还具有如下特点：涉及地域广阔，南到两广，北到东北，东到台湾，西到新疆，几乎全国的所有省区都曾出现过粮食贸易活动；运程远，当时的粮食贸易，有相当大的一部分是远途贩运的异地贸易，其中主要是省际贸易，在清代前期的商品粮总量中，长距离运销的比重约为 21.6%；牵涉面广，参与粮食贸易的供给者既有地主、富农、自耕农，也有贫苦农民，贩运者有粮商也有其他商人及政府，消费者则牵涉到社会上的各个阶层（蒋建平，1992）。粮食贸易在当时经济运行中具有基础性和主导性的地位，所以粮食贸易的发展一定程度代表了当时市场发育的情况。

鸦片战争以前，在商品流通领域，粮食行业是最大也是最普及的一个行业。在这个行业中出现了一些闻名全省甚至全国的大粮商。京师米商祝氏，从明代开始起家，以后"富逾王侯"，"屋宇至千余间，园亭环丽，游十日未竟"（许宗仁，1996）。按经营地点来看，粮商分行商与屯商，行商是在粮食产地与销售地之间转运粮食，赚取差价，而屯商将经营的重心放在本地市场，在本地买入并在本地销售，基于对市场行情的把握赚取粮食供给波动带来的差价。从经营形式上来看，为买卖粮食说合交易的有粮行或米行，也有的称米牙，除代客买卖粮食外，还自营粮食购销。除了很多专业粮商外，也出现了不少兼业粮商，这主要是盐商兼营粮食。在两淮业盐的主要是徽州盐商，每年徽州盐商把大量淮盐运往湖广，利用盐船回空之机，再从汉口采买大批粮食回江南。

鸦片战争后，我国国内市场逐步扩大。粮食生产虽比战前有所下降，但由于人口有所减少，人均粮食占有量略有增加。鸦片战争后农村商品经济和城市工商业发展较快，各方面对商品粮的需求增加，故农村投向市场的粮食反而多一些，粮食商品率有所提高。据吴承明（1985）先生的估计，1840 年粮食商品量达 116.5 亿千克，商品率为 10%，1894 年粮食商品量达 186.2 亿千克，商品率为 16%。就全国而言，商品粮的主要产地和流向，同鸦片战争前相比，没有太大的变化。稻谷主产区有余粮外流的主要是湖南、湖北、四川、江西、广西和福建台湾府，缺粮区主要集中在沿海地区。

（二）粮价数据

康熙以来，清代逐步形成了粮价奏报制度，并为后世留下了丰富的粮价资料。中国社会科学院经济研究所及台湾学者都对这一数据做了整理。2009 年，中国社会科学院经济研究所主编的《清代道光至宣统间粮价表》（以下简称粮价表）出版，同时，台湾"中央研究院"王业键主持的网络版清代粮价资料库（以下简称资料库）也宣告建成。以往学者在进行粮价研究时，往往选择容易搜集的资料库，鲜有学者将二者结合起来使用。胡鹏和李军（2016）提出了二者应当结合使用，最大限度地发挥数据库的价值。由于公历数据便于比较，本文以数据更全的粮价表为基础，将其转化为公历，并辅以资料库的数据，将两者整合成一个数据库。选取南方 9 省：浙江、江苏、安徽、江西、湖北、湖南、福建、广西、广东，北方 6 省：奉天、直隶、河南、山东、山西、甘肃，对南北方的划分以秦岭、淮河为界，其中北方 80 个府，南方 107 个府。我们选取了

1801~1911 年府一级月度小麦及大米价格数据。对存在数据缺失的府，采用移动平均的方法填充。

（三）其他变量

距离变量：本文采用哈佛大学中国历史地理信息系统中 1820 年的府级经纬度信息，利用球面半正矢公式，算出府与府之间的距离。气候变量：气象数据来自中央气象局主编《中国近五百年旱涝分布图集》《中国西北地区近五百年旱涝分布图集》，采用五级制表示旱涝情况。由于该数据只是提供气象观测站点的数据，在本文选取的区划范围内平均每省仅有 4 个站点，以往学者只是用邻近站点替代该府气候，这较为粗糙，本文采用加权的克里金空间插值法推算得出全国府一级的气候值。各地商会会员数来源于民国政府农商部编制的《第一次农商统计表》，其大致反映了晚清时期商会的发展情况。进士数来自江庆柏编著的《清朝进士题名录》，多熟制地区是指粮食一年两熟或三熟地区，基本分布于南方，数据来自各地方志。表 1 是分南北的主要数据的统计特征。

表 1　主要变量描述性统计

区域	变量	观测值个数	均值	标准差	最小值	最大值
北方	小麦价格/（100 两/仓石）	94 566	197.92	84.11	28	1 391
	府间距离/千米	3 160	609.23	394.74	27.59	2 313.24
	气候等级插值	9 120	2.91	0.35	1.37	5.00
	商会会员数/人	80	473.21	697.93	0	4 243
	进士数/人	80	106.56	145.07	0	1 096
	1910 年人口数/人	80	1 873 484	1 650 332	51 930	6 445 754
南方	大米价格/（100 两/仓石）	125 725	213.27	60.17	85.5	640.5
	府间距离/千米	5 671	690.30	370.98	5.51	2 274.83
	气候等级插值	12 198	2.46	0.28	0.54	4.97
	是否多熟制地区	107	0.54	0.5	0	1
	商会会员数/人	107	1 070.72	1 583.26	0	13 058
	进士数/人	107	128.55	173.92	1	894
	1910 年人口数/人	107	1 658 073	1 303 615	106 978	7 575 810

我们注意到，北方小麦价格的标准差是明显大于南方大米的，说明北方粮价的波动大于南方。图 1 是中国南北粮价的变异系数图，同样可以看出，北方粮价变异系数在本文考察的时间段绝大部分时间都是大于南方的，可以推测北方的粮价整合不如南方。

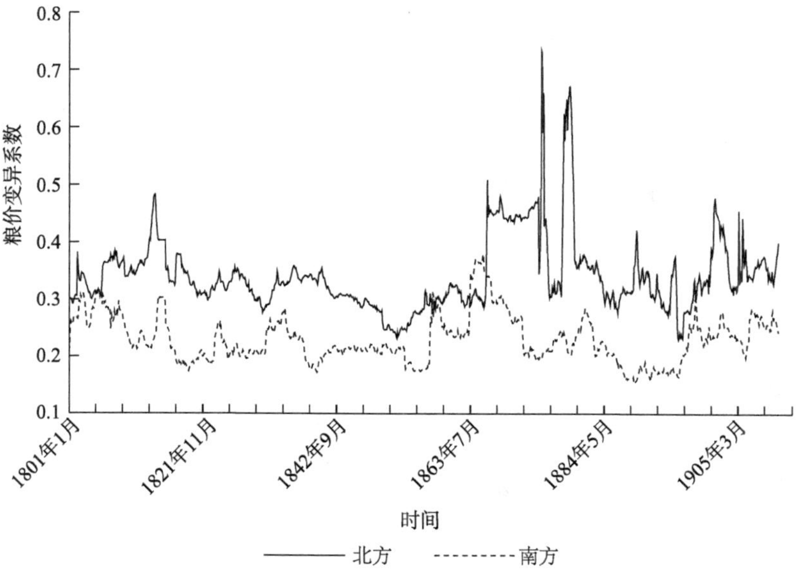

图1　中国南北粮价的变异系数（1801~1911年）

三、南北市场整合对比的实证分析

（一）实证策略

对于两个同阶单整的时间序列，如果二者的线性组合使得组合时间序列的单整阶数降低，则称这两个序列间存在显著的协整关系。协整意味着两地粮价间存在长期稳定的关系，彼此之间价格不会任意偏离太久，随着时间推移会恢复均衡。因而我们采用协整检验的方法来验证地区间市场整合的程度，这种协整关系可以综合反映地区间市场整合的信息。接下来我们将首先检验粮价序列的平稳性，其次采用标准的EG两步法，在府对粮价序列间进行回归后，对残差序列采用ADF检验，得到τ统计量。这里，τ统计量越小，代表两地粮价间存在较强的协整关系，市场整合也更好。

（二）基准回归结果

图2是对19世纪以来中国北方小麦与南方大米进行协整分析后的回归结果。从整体上来看，首先，南北方粮价市场都表现出了明显的协整关系，且随着距离的增加，协整关系逐渐减弱。其次，北方协整的τ统计量区间为−3.9~−3.3，南方则为−4.3~−3.7，显然南方的协整关系更强。由于协整分析是验证两地市场间是否存在长期稳定的关系，可以说南方粮价市场的整合比北方好。另外，在超过1 250千米的长距离的区间里，南北之间的差距更大，可见南方市场尤其是长距离市场整合占绝对优势。

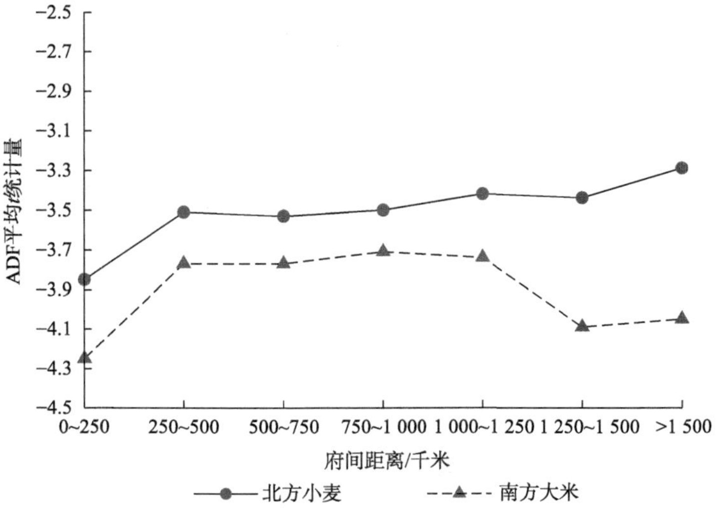

图 2　中国南北的协整分析（1801~1911 年）

（三）稳健性检验

为了进一步验证上述结论的可靠性，下面从三个方面进行检验，以验证结论的稳健性。

1. 季节效应

上文采用的是月度数据，尽管这会降低时间加总带来的问题，但同时也带来了季节效应。显而易见，农产品的售价具有强烈的季节效应：每年秋收之后价格会降低，来年春天价格又会有一个价格上升趋势，因而两地季节效应的差异可能导致市场整合的差异。因此，我们将对协整检验的第一步加入月度固定效应排除季节效应进行分析。图 3 是去除季节效应之后的协整回归结果，可见南北协整的关系与基准回归的趋势是一致的。

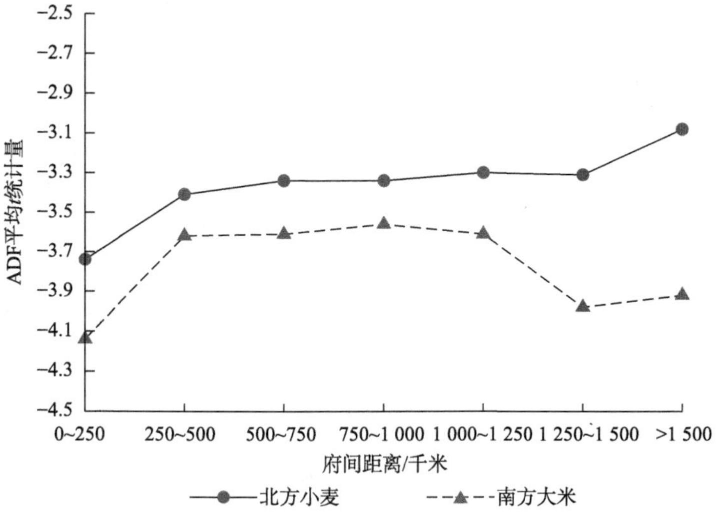

图 3　去除季节效应后南北协整分析（1801~1911 年）

2. 作物品种

小麦和大米分别是北方与南方主要的农作物品种，市场交易量大，因而选择这两种谷物作为两地作物的代表。然而，这两种作物在种植、收获及储藏条件存在较大差异，会带来估计的偏差。何炳棣（2017）在论述明清人口问题时，曾提到清代北方小麦在南方的推广，甚至在广东省最南部都有小麦的种植。在清代粮价奏报中，南方长江流域省份的小麦价格都有统计，因此本部分将采用南方65府的小麦价格与北方进行对比，图4是相关结果。可见，即使是小麦，南方在市场整合方面仍然优于北方。

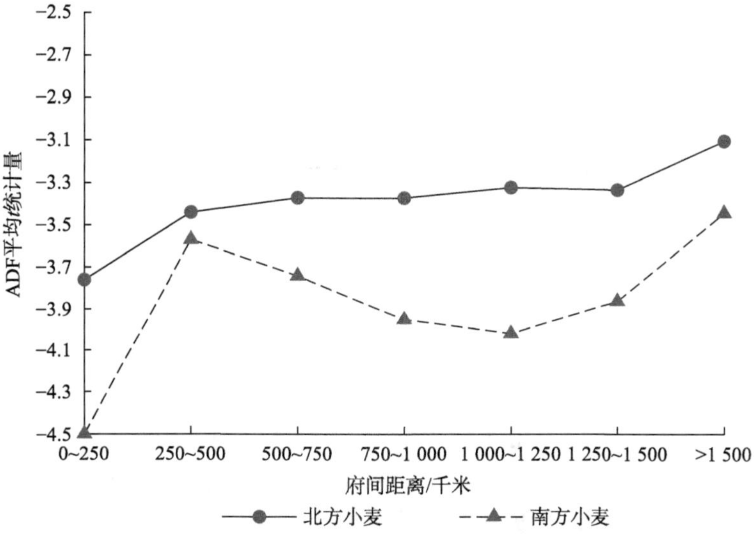

图4　南北小麦的协整分析（1801~1911年）

3. 灾害冲击

气候冲击因素也可能会导致市场的整合，而这并不能反映市场的作用。下面将气象灾害因素纳入回归方程中进行这一分析，回归方程如下：

$$PC_{ij} = \beta_0 + \beta_1 D_{ij} + \beta_2 WC_{ij} + \varepsilon_{ij} \quad (1)$$

其中，PC_{ij} 表示府 i 与府 j 粮价的相关系数；D_{ij} 表示府 i 与府 j 的距离；WC_{ij} 表示府 i 与府 j 气候的相关系数；ε_{ij} 表示随机扰动项。时间趋势可能导致的伪相关现象，下面的回归分析中都利用线性趋势因子消除了粮价的时间趋势。分别采用北方小麦与南方大米数据，表2是回归结果。根据列（1）、列（4），距离的系数显著为负，说明距离越远，粮价的相关性越低，这符合上文府对距离越远，两者之间的协整关系越低的分析。对比南北方距离变量的系数大小，北方的距离系数明显比南方更小，说明与南方相比，距离因素对粮价相关性的影响更大，南方市场受到距离的影响更小，市场整合更好。列（2）、列（5）是控制了气候变量后的结果，气候变量为正，反映了受到气候冲击的地区粮价高度相关，是应当进行控制的，距离变量高度显著为负，且北方较之南方更小，同样说明了北方市场整合不如南方。由于OLS回归线性的函数形式对参数有着较强的假设条件，结果可能并不稳健，因而列（3）、列（6）采用非参估计的方法进行检验，检验结果同样证实了上述结论。综上所述，可以说明南方的市场整合优于北方的结果是稳健的。

表 2　稳健性检验三

变量	北方			南方		
	（1） OLS	（2） OLS	（3） 非参数估计	（4） OLS	（5） OLS	（6） 非参数估计
距离	−0.66*** （0.02）	−0.65*** （0.02）	−0.73*** （0.03）	−0.23*** （0.01）	−0.29*** （0.02）	−0.31*** （0.02）
气候		0.45*** （0.05）	0.94*** （0.07）		0.13*** （0.04）	0.26*** （0.03）
常数	0.63*** （0.06）	0.17*** （0.01）		0.46*** （0.01）	0.18*** （0.04）	
N	3160	3160	3160	5671	5671	5671
R^2	0.316	0.331	0.446	0.086	0.093	0.184

***表示在1%的水平上显著

注：距离的单位是1 000千米；括号内为异方差稳健标准差；其中（3）与（6）是自助法得到的标准差

（四）进一步分析

1. 省域内市场整合的比较

前人多从一省的角度探究市场发育情况，对于各省内部的市场发育情况对比却不甚了了。我们引用指标函数 $\boldsymbol{I_G}$ 与 $\boldsymbol{I_C}$ 来量化整体相关性，这两个指标函数都是从矩阵的一些性质推导而得（陈仁义等，2002）。式（2）是 p 阶相关系数矩阵 $\boldsymbol{R}$ 的两个指标函数表达式：

$$\boldsymbol{I}_G=\left[\frac{\left(\sum_{j=1}^{p}\lambda_j^2-p\right)}{p(p-1)}\right]^{\frac{1}{2}} \tag{2}$$

$$\boldsymbol{I}_C=\frac{1}{p}\left(\lambda_{(p)}-\lambda_{(1)}\right)$$

其中，p 表示地方总个数，λ_j 表示 p 阶相关系数矩阵 $\boldsymbol{R}$ 的特征值，相应的特征向量为 $\boldsymbol{v}_j$，这些特征值按顺序排列为 $\lambda_{(1)}<\lambda_{(2)}<\cdots<\lambda_{(p)}$。表 3 据此做出了南北各省的市场整合情况指数。总体上看，北方省内市场整合的指标函数在 0.49~0.82，南方省内市场整合的指标函数在 0.70~0.94，南方省内市场整体优于北方。从各区域内部来看，北方沿海的奉天、山东、河南三省市场整合情况较好，内陆的山西、甘肃发育较差。与北方不同的是，南方省内市场整合靠后的省份多是浙江、福建和广东这些当时商品经济较为活跃的地方，广西、江西及安徽这些内陆省份反而市场整合较好。这一差异恰恰反映了南北粮价市场发育阶段的不同，北方商品经济没有南方发达，水平较低，省际地域分工还在缓慢发展；反观南方，长三角、珠三角及福建东南沿海地区人口聚集，大多以工商业

或种植经济作物为生，是当时的严重缺粮省份，核心地区对粮食的需求，促进了湖广、江西省等其他地区的开发，这些地区成为当时重要的粮食供应地（王业键和王国枢，1989）。行政边界对市场整合的影响在弱化，长三角、珠三角、福建沿海等核心区与内陆的湖广、江西粮食输出地区建立了广泛的经济联系。

表3 南北各省市场整合情况的比较

省份	I_G	I_C	所属区域	省份	I_G	I_C	所属区域
奉天省	0.82	0.82	北方	浙江省	0.71	0.70	南方
直隶省	0.75	0.74	北方	江西省	0.88	0.89	南方
山东省	0.80	0.81	北方	湖北省	0.79	0.80	南方
山西省	0.65	0.64	北方	湖南省	0.78	0.78	南方
甘肃省	0.51	0.49	北方	广西省	0.93	0.94	南方
河南省	0.79	0.81	北方	福建省	0.76	0.78	南方
江苏省	0.84	0.85	南方	广东省	0.70	0.71	南方
安徽省	0.84	0.85	南方				

2. 近代通商口岸的选择与市场整合

近年来，关于通商口岸与经济发展的文献多了起来。Jia（2014）认为通商口岸的选取与其位于沿海沿江的地理位置有关，与经济发展水平无关。李嘉楠等（2019）认为通商口岸的市场整合并不优于其他地区。这里，Jia 的分析指出了通商口岸多位于沿海沿江的地理位置，却并没指出背后的机制，李嘉楠等的分析则只是将市场整合定义为与邻府之间，这将会出现偏差，不能体现覆盖更广的地区整合。在试图解开通商口岸地区被迫开放的背后逻辑时，我们注意到，通商口岸地区绝大部分分布在南方，北方绝少，且南方通商口岸几乎都分布于沿海沿江地区，结合上文，这是否与南北方市场整合有关联？图5展示了1801~1842年通商口岸与市场整合。可见在鸦片战争前，南方的市场整合优于北方地区；而通商口岸地区又优于南方整体，这恰与李嘉楠等的分析并不一致，原因在于这里对市场整合的定义是府对之间的，而非仅邻府之间。进而，李嘉楠一文所分析的“开放”对近代中国市场整合作用的效果就大打折扣了。

西方列强选择南方作为切入点的逻辑在于：南方市场整合在近代前夕就发展得比北方好，更利于工业产品的销售、农产品的收购。通商口岸地区交通便利，彼此之间贸易发达，市场联系频繁。作为区域性中心城市，西方工业品的到来首先是在通商口岸，其次在地方的层级贸易体系之下，利用已有的贸易网络进行销售。1842 年后开放的第一批口岸早在康熙时就辟为海关，运输贸易发达，上海、厦门在近代前就已是繁荣的海港，西方在此之前就对其有一定了解；沙市、长沙、九江、芜湖、苏州、杭州、广州等地皆是清代著名的米市（王业键和黄莹珏，1999），可见西方对通商口岸的选择并非盲目随意。

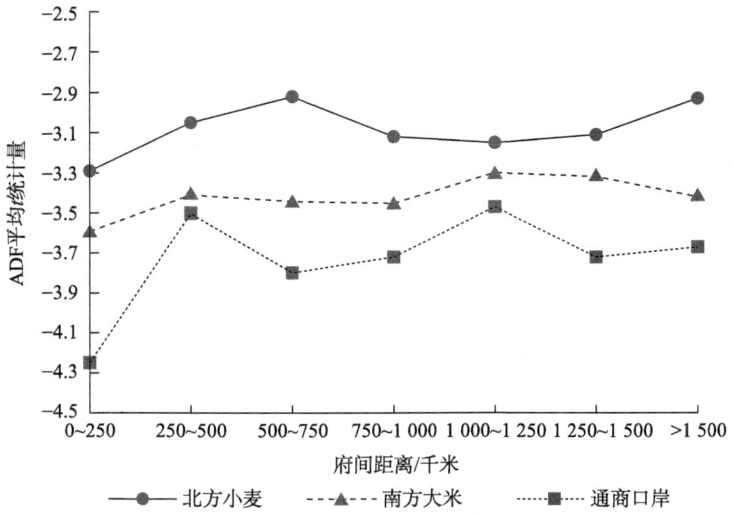

图 5　通商口岸与市场整合（1801~1842 年）

3. 市场整合距离

上文的分析中指出距离是影响市场整合的重要因素。当距离超过一定数值后，两地之间的市场联系就很微弱甚至于没有，我们称这一临界距离为市场整合距离。表 4 是市场整合距离的比较，这一数值的获得是在分析散点图后，利用网格搜寻的方法得出的。可知，北方的临界距离在 600 千米左右，这也印证了上文中分析的北方跨省的市场整合较于南方尚薄弱的情况。然而，南方却并没有搜寻到这一临界距离。观察图 2、图 3，可以明显看出在超过 1 000 千米后，南方大米的折线图向下偏移，意味着 1 000 千米后的市场整合出现了好转。因此，有理由相信距离因素并非线性作用，可能存在非线性的关系，故表 4 又将距离的平方项加入回归中，发现南方的市场联系与距离呈 U 形关系，而北方并无这一关系。根据二次函数的性质，可以得出南方的市场整合恰好在超过 1 000 千米后市场整合出现拐点，意味着南方长距离的粮价市场发展相当发达，这也印证了上文分析的南方省间分工的发达，因而不存在临界距离。

表 4　市场整合距离的比较

变量	北方				南方	
	（1） [<600 千米]	（2） [>600 千米]	（3） OLS	（4） 非参数回归	（5） OLS	（6） 非参数回归
距离	−0.59*** （0.05）	−0.68 （0.11）	−0.70*** （0.07）	−0. 88*** （0.14）	−0.35*** （0.04）	−0.30*** （0.04）
距离^2			0.25 （0.02）	0.56 （0.03）	0.17*** （0.02）	0.15*** （0.02）
气候	1.43*** （0.13）	0.17*** （0.08）	0.25*** （0.05）	0.58*** （0.07）	0.15*** （0.04）	0.16*** （0.03）
常数	0.16*** （0.05）	0.44*** （0.06）	0.5*** （0.06）		0.47*** （0.04）	
N	1 882	1 278	3 169	3 160	5 671	5 671
R^2	0.35	0.17	0.37	0.44	0.13	0.18

***表示在1%的水平上显著

注：距离的单位是1 000千米；括号内是异方差稳健的标准差

四、对南北市场整合差异原因的思考

在分析南北方市场发展差异的原因前，首先需要确定的是政府在粮价市场中所扮演的角色。马立博（1992）指出，长途米粮贸易是由政府官员和私商组织的，在乾隆前半期，官员的作用更大些。然而，1759 年后官员们在奏折中很少提到其直接的参与，而是更多地提到商人与市场的作用。岸本美绪（2010）在评价清代粮食政策时，认为清政府粮食政策的特征，绝不是倾向压制性的全盘介入，而是像等待水自然地澄清一样，寄望于民间经济的自我调整，政府在相当程度上被民间经济所左右。另外，清政府还建立了常平仓制度来调节粮价的波动。在18世纪晚期达到仓储顶峰4 500万石[①]，到道光三十年（1850年）存仓米谷数只有2 749万石（梁方仲，1980）。不仅如此，仓储越来越多地派于它用，到 19 世纪中叶，军需已成为耗尽各仓储储备的共同原因（马立博，1992）。道光之后，伴随清政府国力的下降，仓政受到破坏，同治十二年（1873 年）存仓米谷数下降到285万石，更是无力干预粮价了。因此，在我们分析的时间里，粮价更多地反映了市场行为。

（一）交通与市场整合

在现代以前的农业社会里，昂贵的运费严重阻碍着市场一体化。清谚云：百里外不贩樵，千里外不贩籴，是苦于货泉之滞销。近代中国，运费依然是商品成本的重要组成部分。张培刚调查的20世纪30年代桂米输粤成本显示，由贵县至广州和四南、贺县和信都至都城的运费分别占成本的 36.6%、35.1%、37.9%、37.4%（徐畅，2011）。颜色和刘丛（2011）对 18 世纪的分析也强调了南北水运的差异带来了市场整合的不同，认为是北方陆运、南方水运导致了南北的差异。进入 19 世纪后，南北地文条件导致的交通发展的差异又有了新的变化。

1842 年后最早在中国沿海航行的英国商用轮船“魔女”号出现在上海，从此，一些较大的外国在华商行，纷纷在中国行驶轮船。轮船在中国真正得到发展是在第二次鸦片战争前后，轮船的增加极快。由于南北水运条件的差异，轮船在中国的分布呈现极度不均衡的格局。南方水系发达，包括长江、珠江、钱塘江及其众多支流，轮船能够行驶南方众多大江大河。一般而言，轮船因防水性能好，粮食又是单独包装，运输时间短，所以大多运输大米和小麦等质量比较精细、运程较远的粮食。例如，九江米粮“输往上海、广州等较远之地均以轮船载运；输往长江中游及各近地者，则以帆船载运，输往汉口者，则轮运帆运均有之”；19世纪末20世纪初，年进出芜湖的轮船达4 000艘，载重量700万吨，仅太古、怡和、三菱、日清20多艘轮船，每年就运出100万~400万石大米（吴正，1936）。北方的大河只有黄河，水运条件较差，基本不能行驶轮船，除了个

① 清代1石=50千克。

别沿海港口，其他广阔的北方地区并不能分享交通升级的好处。图 6 是帆船时代（1801~1855 年）南北市场整合的对比，其中“江河”是指运粮超过 100 万石的南方通行河流区域（邓亦兵，1994），图 7 是轮船时代（1856~1911 年）南北市场整合的对比，其中“轮船”是指南方行轮之地，参考樊百川（1985 年）《中国轮船航运业的兴起》。可见，传统河流与轮船运输都使得南方市场整合优于北方，但是两相比较，轮船对南方尤其是长距离地区的市场整合的作用是要大于传统水运的，尤其是在长距离的运输上。在新式交通革命的背景下，南北市场整合差异在轮船时代进一步拉大。

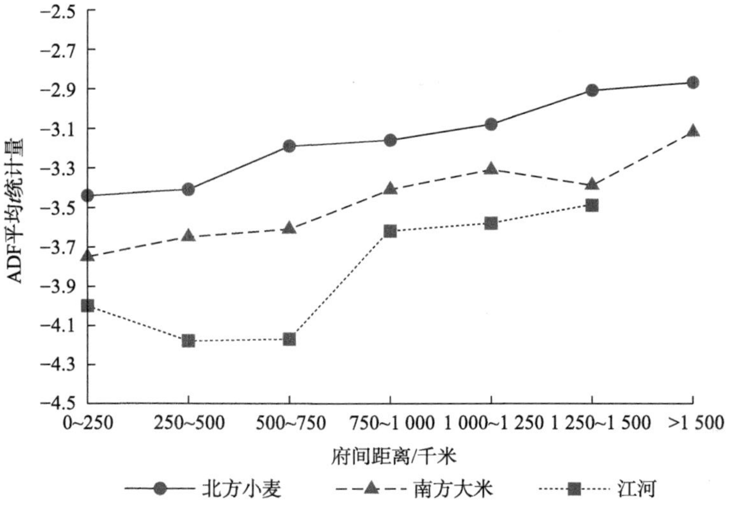

图 6 帆船与南北市场整合（1801~1855 年）

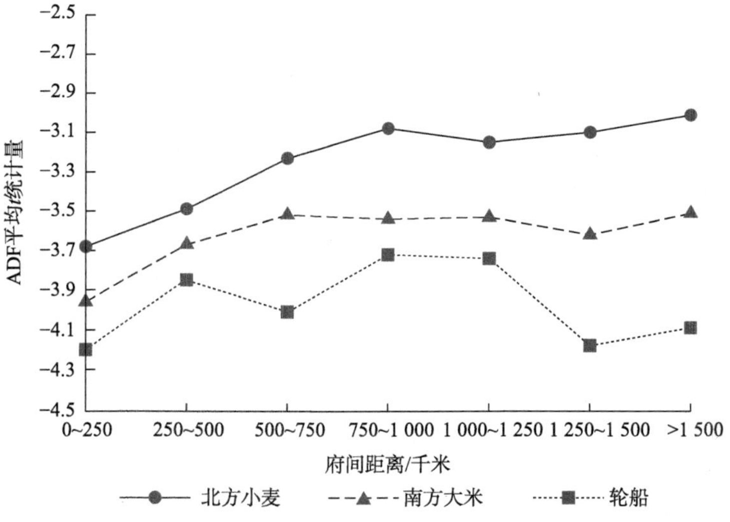

图 7 轮船与南北市场整合（1856~1911 年）

同时，为了理解交通变革对市场整合的短期影响，这里建立了误差修正模型，考察南北短期的市场整合情况。表 5 显示了存在短期关系的府对数，可见，在全时段内，南北方在府对间存在短期关联的情况相差无几，主要存在正向显著关系。然而，在按照上文分两个时期段后，我们发现，北方在1801~1855年，府对之间存在短期正向市场关联的比率与南方比，存在一定的优势，而到了1856年后，南方以56.25%的府对比率大大超过了北方，实现了短期市场联系的加强。对于这一现象，需要从交通工具的速度上来理解。在传统的交通方式中，陆运的方式大致为100里每日，而水运方式仅为30~50里每日（胡鹏和李军，2019b），所以，在1855年前，北方陆运速度较快，在短期市场联系上存在一定的优势。到了近代，轮船的引入，使得水运的速度大大加快，据《申报》报道，上海至苏州水道三百里，轮船行走仅需一日，而民船尚需两至三日（李玉，2017）。从速度来看，南方交通工具的变革使得南方不仅在长期市场整合上，在短期市场发展上也逐步超过了北方。

表5 基于协整的误差修正模型比较

时间	北方府对分类			南方府对分类		
	负向显著	不显著	正向显著	负向显著	不显著	正向显著
1801~1911年	27	1 515	1 618	62	2 688	2 921
	0.85%	47.94%	51.20%	1.09%	47.40%	51.51%
1801~1855年	12	1 800	1 248	56	3 484	2 130
	0.38%	56.96%	42.66%	0.99%	61.43%	37.58%
1856~1911年	16	1 784	1 360	38	2 443	3 190
	0.51%	56.46%	43.04%	0.67%	43.08%	56.25%

（二）商人群体与南北市场整合

一般说来，商人活跃程度高的市场，竞争越充分，市场的交易效率越高。在明清市场网络的结构中，集市、市镇和城市三级市场的价格信息都需要商人来发现与传递。商人获得这一信息，通过各地区的差价进行低买高卖的套利活动来获得利润。基于地缘、业缘建立的商人组织（如会馆、商会），在获取市场信息方面不但快捷而且成本较低，可以迅速找到套利的机会。同时，商人组织能够有效规范市场秩序，提供资金融通，保障契约执行，降低了交易成本，促进了贸易尤其是长途贸易的发展（杨海滨，2014）。徽商在促进江南地区与江西的粮食流通中扮演了重要角色，光绪《婺源县志》卷九“义行”载，清婺源商人程承谕“曾贩籴江西”；在湖广与江南的粮食贸易中，两淮盐商也扮演了重要的角色，汉口的“外贩米船已有四百余号，而盐商巨艘装运者尤不可数记”（黄彩霞，2008）；乾隆年间，祖籍广东番禺的林大懋在贵县开设了林宝昌铺号，主要业务就是经营稻米，“由贵县用船大批运到广东去，每运一批都有十万八万斤以上”（罗一星，1987）。清代商人在许多都市中建立的会馆、公所等团体组织，在沟通商情、了解政府政策与协调商业利益上有效降低了贸易的成本。一个地区的粮行或米行，一般都有自己的行会组织，如同业公会、商会等，通过这些组织沟通市场信息、商定市场规则、议定成交价格、组织粮食成交。在清代末期，苏南一些城市就有稻米茶会、小麦茶会、面粉茶会等行业组织（许宗仁，1996）。可见，商人及商人组织的发展，也是促进市场整合的重要原因。这里用清末商会会员数来代表该地商人及商人组织的发达程度，在表 4 回归的基础上加入了商会发展这一变量，表 6 是相关回归结果，其中，$chamber_{ij}$ 表示府 i 与府 j 每千人商会会员数的乘积，乘积越大，代表两地间的商人群体越活跃。可以看出，chamber 明显为正，反映了商人力量越活跃，两地粮价联系越紧密。但北方的商会系数明显比南方低，且北方商会与距离的交乘项不显著，而南方这一交乘项显著为正，说明在南方地区，商会的发展使得距离对贸易的阻碍作用降低。上文表明南方地区中距离存在二次效应，列（5）加入了距离的平方项，结果依然稳健。对于这一南北差异的原因，一方面，这一时期北方的商会平均每府会员数每千人0.22个，南方为0.65个，南方商人群体更为活跃，另一方面，南方的商帮组织更发达，明清十大商帮中有七个是在南方，南方的商人组织更发达一些。

表 6 商人群体与市场整合回归结果

变量	北方		南方		
	（1）	（2）	（3）	（4）	（5）
chamber	0.32** （0.04）	0.24* （0.08）	0.45*** （0.01）	0.50*** （0.01）	0.48*** （0.01）
chamber*distance		0.13 （0.10）		0.13*** （0.06）	0.15*** （0.02）
distance	−0.69*** （0.02）	−0.71*** （0.02）	−0.37*** （0.06）	−0.31*** （0.03）	−0.28*** （0.04）
weather	0.41*** （0.05）	0.41*** （0.05）	0.12*** （0.04）	0.11*** （0.04）	0.03*** （0.02）
$distance^2$					0.14*** （0.02）
常数	0.19*** （0.05）	0.20*** （0.05）	0.43*** （0.04）	0.32*** （0.04）	0.32*** （0.04）
N	3 160	3 160	5 671	5 671	5 671
R^2	0.34	0.35	0.09	0.11	0.17

*、**、***分别表示在10%、5%、1%的水平上显著

注：距离单位是1 000千米；括号内是异方差稳健的标准差

但这里存在一定的内生性问题，商人群体的发展与市场整合可能存在反向因果关系。为了解决这一问题，本文采用科举变量作为商人组织的工具变量。首先，会馆一开始出现就是为了服务士子举人的食宿需要，后来随着经济的发展，衍生出了经济组织这一职能（张明富，1997）；其次，参加科举考试需要一定的经济基础，商人支持的宗族更能承担这一大额开销。因而科举考试录取率越高的地区商人组织的发展越好，但是科举录取数量却不影响粮价。表 7 是用每千人进士数量作为工具变量进行两阶段最小二乘法回归所得的结果，主要结果并未改变，显示了南北商人群体发展程度的不同带来的市场整合差异。

表 7 两阶段最小二乘法回归结果

变量	北方		南方		
	（1）	（2）	（3）	（4）	（5）
A：第一阶段					
Jinshi	0.84*** （0.29）	0.67*** （0.19）	2.95*** （0.71）	2.16*** （0.39）	1.98*** （0.36）

续表

变量	北方		南方		
	(1)	(2)	(3)	(4)	(5)
B：第二阶段					
chamber	0.08* (0.01)	0.22* (0.08)	0.39*** (0.05)	0.41*** (0.06)	0.45*** (0.07)
chamber*distance		0.03 (0.00)		0.11*** (0.19)	0.15*** (0.05)
distance	−0.52*** (0.06)	−0.63** (0.11)	−0.57** (0.15)	−0.31** (0.09)	−0.27*** (0.03)
weather	0.30*** (0.13)	0.20*** (0.05)	0.43*** (0.04)	0.17*** (0.04)	0.12*** (0.04)
$distance^2$					0.14*** (0.01)
N	3 160	3 160	5 671	5 671	5 671
R^2	0.26	0.31	0.09	0.10	0.12

*、**、***分别表示在10%、5%、1%的水平上显著

注：距离单位是1 000千米；括号内是异方差稳健的标准差

（三）多熟制、分工与南北市场整合

赵伟洪（2015）在分析乾隆时期湖南省市场整合时指出，杂粮推广对湘西、湘南山区的整合有一定的促进作用，余开亮（2017）利用地理信息系统方法考察了粮价的空间效应，亦指出地理条件、种植结构也是价格分布格局形成的一个重要原因。南北水热条件不同，南方气候炎热，雨量充沛，北方气温较低，年均雨量低于 1 000 毫米，因而南北种植技术大异其趣，对市场整合的发展可能会产生不同的效果。清代中叶以后，多熟制在南方较为普遍，一年两熟制盛行于长江流域大多数省份，此外，在闽江和珠江流域，还形成了一年三熟制；而此时的北方，大多还处于一年一熟制，两年三熟制仅分布于黄河中下游部分地区（王业键，2003）。这就带来了如下后果：第一，北方居民的空闲时间长，施坚雅（2010）分析，华北和西北这两个地区的农业淡季平均为六个月以上，每家每户为自己消费而生产许多产品，而南方地区更倾向交由一些专业工人为农业市场生产。第二，南方稻米产量高，东南沿海地区清初甚至一度出现粮食过剩，湖广地区也成为重要的粮食生产基地，粮食的商品率自然高。第三，清中叶以来人口迅猛增长，南方多熟制的推广带来了粮食作物的丰产，康熙年间谷贱现象严重，农业的边际收益更为低下。在这一背景之下，一些地区有条件的农民转而进行经济作物以及一些手工作物的生产。江南素称鱼米之乡，这一转型在清初后大大加快，北部植棉南部树桑，江苏的“松江府、太仓州、海门厅通州所属各县，种棉花者多，而种稻者少。每个村庄知务本种稻者不过十分之二、三，图利种棉花者则有十分之七、八”（许宗仁，1996）。民国《衢县志》卷 6“食货”中记载，“至近时谷贱伤农，恒产所入不足以供赋税，而贾人皆重利，往往致富，今之富人无不起家于商者。于是，人争驰骛奔走，竞为商，而商益饶”；嘉庆时《南平县志》卷 8“风俗”中记载，福建南平县民从事各种商品生

产："新兴、梅西、峡阳之地，多产茶，民以茶为业；罗源云盖、太平、余庆之地多产笋，民以笋为业；演仙、仁洲、金砂、保福之地多产纸，民以纸为业。"乾隆以后，废稻树桑的热潮在珠三角继续扩展，甚至蔓延到了其他经济作物，据屈大均《广东新语》记载，粤民亦"多有弃肥田以种者"，而其他产粮区则专注于商品粮的生产。王业键和王国枢（1989）在评价清代经济时指出，粮食不足地区输出纺织品、盐等工业产品和资本，向有余地区换取粮食，这种地域分工，促进整个经济的成长，在这一过程中，区域间贸易扮演了重要角色，而粮食和棉布是其中最重要的商品。施坚雅（2010）对晚清中国劳动分工的测算显示，岭南地区 5，东南沿海 4，长江下游 3.5，长江下游 3，长江中游和云贵 2.5，西北 2，华北 1.5，清晰地显示了北方地区的市场分工发育程度低。故而，黄宗智（1986）说华北的小农为市场生产的比率较低，为贩卖产品而上集市所花的时间也较少，是自给型粮食生产，而对长三角地区则评价说长三角农村的高度商品化是毫无疑义的。这种南北分工发展程度的差异也导致了粮食市场发育的不同，南方出现了专业化粮食生产，北方相对来说自给程度高一些。

为了进一步检验多熟制与南方市场整合的关系，我们在前述回归的基础上加入了多熟制这一虚拟变量 multiple_{ij}，当 i，j 两府都是多熟制地区时为 1。如表 8 所示，multiple 的系数显著为正，表明多熟制地区间价格相关系数显著高于单熟制地区。由于种植结构的差异是天然环境导致的，并不存在内生性。在此基础上，列（2）加入了多熟制与距离的交乘项，系数显著为正，显示距离对多熟制地区间的影响要小于单熟制度地区。列（3）、列（4）在加入距离的平方项后主要结果依然稳健。

表 8　南方多熟制与市场整合

变量	（1）	（2）	（3）	（4）
multiple	0.036*** （0.008）	0.142*** （0.018）	0.031*** （0.008）	0.151*** （0.018）
multiple*distance		0.148*** （0.021）		0.166*** （0.022）
distance	−0.293*** （0.022）	−0.332*** （0.022）	−0.372*** （0.045）	−0.321*** （0.022）
weather	0.257*** （0.037）	0.273*** （0.037）	0.151*** （0.038）	0.165*** （0.038）
distance^2			0.171*** （0.025）	0.174*** （0.025）
N	5 671	5 671	5 671	5 671
R^2	0.096	0.104	0.137	0.147

***分别表示在1%的水平上显著

注：距离单位是1 000千米；括号内是异方差稳健的标准差

综上所述，在进入 19 世纪后，南北市场发育的差距有所扩大。南北市场整合差异的原因是多方面的，需要综合分析，包括交通发展、商人组织、种植技术的不同都会导致市场发育的不同结果。南方交通技术从帆船运输到轮船运输的变革，南方商人群体的活跃及大商帮的南盛于北，多熟制在南方的推广，都是南北的市场整合差异的重要原因。

五、主要结论

本文在中国社会科学院经济研究所粮价表与王业键先生整理的资料库的基础上，进一步整理成全国府级粮价数据，选取了1801~1911年南北方大米、小麦价格数据，采用协整分析的方法分析了南北市场整合水平的差异。结果显示，南方市场发育优于北方，在经过排除季节效应、作物品种与气象条件差异的分析后，结论依旧稳健。在此基础上，又分析了南北分省的市场整合指数，整体来看，南方好于北方，同时也看到，南方内部的沿海商品经济发达的省份反而指数较低，反映了南方分工在省际的扩展。进一步地，我们探讨了通商口岸与市场整合的关系，认为通商口岸地区的市场整合水平近代前就已优于南方整体，这是西方出于对中国了解基础上做出的理性选择。同时，本文对比了南北方的市场整合距离，发现北方的市场整合距离在600千米左右，而南方则不存在这一临界距离。对于南北市场发育的差异，本文分别从交通、商人群体、种植结构等角度探究了差异的来源。交通方面，南方从帆船运输过渡到轮船时代，北方仍以陆运为主；南方商人群体活跃，大商帮南盛于北；种植技术上，南方多熟制于清中叶后进一步推广，分工扩大，而北方大部分地区还停留在一年一熟制阶段，这些因素都是南北市场整合差异的重要来源。

市场一体化程度提高最终是为了促进地区经济的发展进步，本文对市场整合差异原因的分析为当前南北逐渐扩大的发展差距提供了一些有益的思考。由于是一篇量化史文献，本文存在的不足主要体现在史实方面，对于市场整合差异原因的分析，还需要更多的历史文献来支撑本文提出的一些观点。另外，对中国进行南北之分来进行市场整合的比较毕竟是偏重宏观的，南方地区内部也存在差异，北方地区也存在与北方整体不同的沿海地区，所以，下一步的研究应再缩小区域，进行更细致的区域对比研究。

参考文献

岸本美绪. 2010. 清代中国的物价与经济波动. 刘迪瑞译. 北京：社会科学文献出版社.

陈春声. 1992. 市场机制与社会变迁：18世纪广东米价分析. 广州：中山大学出版社.

陈仁义，王业键，周昭宏. 2002. 十八世纪东南沿海米价市场的整合性分析. 经济论文丛刊，30（2）：151-173.

邓亦兵. 1994. 清代前期内陆粮食运输量及变化趋势——关于清代粮食运输研究之二. 中国经济史研究，（3）：80-92.

何炳棣. 2017. 明初以降人口及其相关问题（1368—1953）. 葛剑雄译. 北京：中华书局.

胡鹏，李军. 2016. 两套清代粮价数据资料综合使用之可行性论证与方法探讨——基于文献学和统计学方法的分析. 中国社会经济史研究，（2）：36-44.

胡鹏，李军. 2019a. 自然灾害影响市场整合的政府路径——基于1776—1840年华北小麦市场的实证分析. 中国经济史研究，（3）：84-96.

胡鹏，李军. 2019b. 19 世纪京津冀地区的交通网络与粮食贸易线路——基于理论层面的量化和统计分析. 中国历史地理论丛，（4）：116-127.
黄彩霞. 2008. 明清徽商与江南粮食市场. 甘肃社会科学，（4）：141-143.
黄宗智. 1986. 华北的小农经济与社会变迁. 北京：中华书局.
蒋建平. 1992. 清代前期米谷贸易研究. 北京：北京大学出版社.
李嘉楠，代谦，庄嘉霖. 2019. 开放、市场整合与经济空间变迁：基于近代中国开埠的证据. 世界经济，（9）：27-51.
李玉. 2017. 从速度的角度观察近代中国——以轮船、火车为例. 暨南学报（哲学社会科学版），（11）：105-114.
梁方仲. 1980. 中国历代户口、田地、田赋统计. 上海：上海人民出版社.
罗畅，杨建庭，马建华. 2018. 清乾隆朝晚期（1778-1795）长江流域粮价波动研究. 贵州社会科学，（12）：163-168.
罗一星. 1987. 略论清代前期的西米东流. 学术论坛，（3） ：65-71.
马立博. 1992. 清代前期两广的市场整合//叶显恩. 清代区域社会经济研究下册. 北京：中华书局：1029-1046.
阮建青，李垚. 2018. 自然灾害与市场演进——基于18世纪清代粮食市场的研究. 浙江大学学报（人文社会科学版），48（1）：183-198.
施坚雅. 2010. 中华帝国晚期的城市. 叶光庭，等译. 北京：中华书局.
王国斌，濮德培，徐建清. 1990. 18 世纪湖南的粮食市场与粮食供给. 求索，（3）：114-120.
王业键. 2003. 清代经济史论文集. 台北：稻乡出版社.
王业键，黄莹珏. 1999. 清中叶东南沿海的粮食作物分布、粮食供需及粮价分析. “中央研究院”历史语言研究所集刊，（2）：363-397.
王业键，王国枢. 1989. 近代中国农村经济史论文集. 台北：“中央研究院”近代史研究所.
吴承明. 1985. 中国资本主义与国内市场. 北京：中国社会科学出版社.
吴承明. 2001. 中国的现代化：市场与社会. 北京：生活·读书·新知三联书店.
吴正. 1936. 皖中稻米产销之调查. 南京：交通大学出版社.
谢美娥. 2010. 自然灾害、生产收成与清代台湾米价的变动（1738—1850）. 中国经济史研究，（4）：110-127.
徐畅. 2011. 近代中国国内的粮食流通与粮食进口. 东岳论丛，32（11）：60-69.
许宗仁. 1996. 中国近代粮食经济史. 北京：中国商业出版社.
颜色，刘丛. 2011. 18 世纪中国南北方市场整合程度的比较——利用清代粮价数据的研究. 经济研究，（12）：124-137.
杨海滨. 2014. 明清中国的商人组织与市场整合研究. 北京：经济科学出版社.
叶显恩. 1992. 清代区域社会经济研究. 北京：中华书局.
余开亮. 2017. 清代粮价的空间溢出效应及其演变研究（1738—1820）. 中国经济史研究，（5）：14-27.
张明富. 1997. 试论明清商人会馆出现的原因. 东北师大学报，（1）：42-47.
张瑞威. 2010. 十八世纪江南与华北之间的长程大米贸易. 新史学，（1）：149-173.
赵伟洪. 2015. 清乾隆朝湖南省米谷流通与市场整合. 中国经济史研究，（1）：38-49.
赵伟洪. 2016. 乾隆时期江西省米谷流通与市场整合. 中国社会经济史研究，（4）：52-64.
朱琳. 2016. 清代淮河流域的粮价、市场与地方社会. 北京：经济科学出版社.
Jia R. 2014. The legacies of forced freedom：China’s treaty ports. Review of Economics & Statistics，96（4）：596-608.

Li L M. 2000. Integration and disintegration in north China's grain markets, 1738-1911. The Journal of Economic History，60（3）：665-699.

Shiue C，Keller W. 2004. Markets in China and Europe on the eve of the Industrial Revolution. The American Economic Review，97（4）：1189-1216.

创新的政治经济学——一个关于“创新反扑”的研究综述①

李　磊②　王焕祥③

摘　要：随着创新驱动发展战略的提出，创新已成为衡量区域竞争力的重要指标，同时“创新崇拜”和专利泡沫等现象开始凸显，由此形成的负外部性愈发显著。创新“引擎”源动力的背后，是否存在被忽略的一角？通过对国内外相关文献的梳理与分析，本文发现国内研究对创新活动可能引致的消极影响关注不足。鉴于此，本文根据创新消极影响的作用范围不同，从社会、组织和道德三个层面对其进行如下归纳：在社会层面，主要导致社会资源浪费、失业增加与收入不平等加剧、环境污染与能耗量增加；在组织层面，会引起组织内冲突、降低组织效率等；在道德层面，则对应着社会不道德行为和“搭便车”行为。由此，本文形成一个创新消极影响的多层次分析框架并得出一些关于创新研究的启示。

关键词：创新；消极影响

中图分类号：F204

一、引　言

主流经济学视创新为经济增长的源泉之一，但是，演化经济学的增长理论则认为，创新不仅是经济增长的核心动力，更主导着经济系统的演化。从经济史的角度来看，创新的确是有效提升社会生产力、促进经济增长、创造社会财富和提高生活水平的关键因素。可以说，对创新的这种认知，一直主导着经济学、管理学及其他相关学科理论的发展，社会与政府政策领域尤其意识到并强调创新能够带来诸多好处，从公众到政治领袖无不希望致力于创新。

熊彼特（1990）从政治经济学视角将创新定义为“企业家对生产要素的新组

---

① 本文在使用“创新的消极影响”这一表达时，也借用普林斯顿大学爱德华·特纳（Edward Tenner）教授的著作 *Why Things Bite Back* 的中译名“科技反扑”的表达（对技术进步所造成的某些无法预期的后果进行了详细阐述）。

② 李磊，男，中南财经政法大学经济学院博士研究生，研究方向为新制度经济学和中国转型经济问题。

③ 王焕祥，经济学博士，嘉兴学院·奥尔堡大学区域软实力研究所执行所长，奥尔堡大学发展与国际关系研究中心硕士、博士生导师，研究方向为演化与创新经济学方法论、区域创新与发展。

合”[①]，而另一位著名学者斯旺（2013）则在熊彼特的基础上，进一步将创新界定为“对新想法成功利用的全过程”。因此，从政治经济学的历史、结构与演化等分析视角而非仅仅主流经济学的“成本-收益”视角观察这一“全过程”，它不仅包括组织创新、产品创新、工序创新等，还包括创新行为发生的情境嵌入、更加广义的创新结果及情境嵌入与创新结果间的“反馈环”。所以，全面剖析创新“反馈环”中潜在的消极影响变得极为重要。

无论是市场激励还是政府主导的创新活动，创新与经济发展的关系已经确定，人们的关注点似乎永远都是有没有创新发生，如何促进创新，创新行为本身的效率等，几乎从来没有提出一种反向的思考，即创新的负效应存在吗？如果存在，具体是什么？以及如何认知这种负效应对社会与经济的影响。本文拟以此为背景，从问题的提出、社会问题（资源利用的浪费、社会不稳定性的增加、自然环境破坏）、创新在组织内产生的消极影响、创新引发的道德问题等几方面，对学界有关创新负效应的文献展开述评，以期在实践中引起人们对创新负效应的关注，在理论上展现一种探讨“创新反扑”的政治经济学。

二、“创新反扑”问题的提出

自第一次工业革命开始，就有学者表达此类的忧虑。穆勒（Mill，2004）对机械发明能够减轻人们的辛苦劳动提出了质疑，认为这些创新发明不过是让更多的人过着同样苦役的生活，却使生产商和其他人发财致富。罗斯金（Ruskin，1908）在目睹工业革命所遗留的煤窑与砖厂后，以讽刺的口吻向人们揭示了一条通向钢筋水泥的道路，他认为创新是“暴力的”“毁灭性的”，甚至是“令人厌恶的”。熊彼特（1990）首次在经济学中提出“创新”的概念，尤其强调了创新的创造性破坏过程：在这一过程中，旧的厂商在创新浪潮中失去竞争力而破产，所雇佣的工人也会因失去工作而生活窘迫；后来舒马赫（2007）又进一步指出，对技术（创新的产物）的盲目自信，将摧毁人类赖以生存的基础，因为这些改造自然的强大工具，不仅有明显的正面效应，还有许多需要非凡智慧才能发现的潜在负面效应。Tenner（1996）则以抗生素、烟雾报警器、计算机化办公等创新为例，深入分析了技术创新的负面影响。他认为，技术创新往往会伴随着“报复效应”（技术创新产生与预期相反的结果），只有正视技术的光辉与黑暗并存的现象，才能从报复效应中汲取经验并推动技术改进，实现更加长远和健康的发展。斯旺（2013）也提出，即使是一些效果很好抑或很“干净”的创新，也会产生难以预料的负面影响。同时，他认为各国的政策多停留在“创新越多越好”和如何利用创新创造更多财富的简单模式上，而未来的恰当政策应该是向如何实现越来越多的正确创新转变。

① 熊彼特首先在其《经济发展理论》中创造性地提出了创新理论，其方法论的显著特点是理论、历史和统计的有机结合，在方法的运用上表现出个人主义及历史方法同逻辑方法相结合的诸多特点，这明显有别于主流经济学而表现为一种政治经济学分析范式。

Witt（2016）则认为，由于认知的局限性，人们永远无法排除由创新的非内化社会成本而造成巨大福利损失的风险，进而指出开放式创新能够通过引入更多来自外部的误差评估来拓展认知外延，为较早发现创新的潜在负外部性提供有益帮助。我国学者也意识到了类似现象的存在（黎文靖和郑曼妮，2016；毛昊等，2017），他们指出，随着创新驱动发展战略的实施和大量创新资源要素的投入，我国区域创新水平和经济增长质量均有所提高，同时，中国非发明专利数量的爆炸式增长，也足以引起人们的担忧：盲目的创新将产生大量“专利泡沫”，导致经济陷入创新“低端化”的陷阱，从而造成社会资源的大量浪费，不利于经济健康、持续的发展。

综上所述，“创新反扑”问题的提出，在某种程度上可以说明，创新负效应引致的问题正如气候变暖、臭氧层空洞等全球性隐性环境问题一样，从侧面印证了这一领域学者的深刻洞察力，也意味着创新的消极影响应成为创新经济学研究的重要内容。这种知识论的思维模式也恰恰符合了马克思主义的哲学观点：任何事物都是作为矛盾统一体而存在的，因而总具有两面性。所以，学界对创新消极影响鲜有探讨的事实，在创新经济学本体论层面上便造成对创新观察、研究的不足。鉴于此，本文结合既有的相关研究，根据创新消极影响的作用范围的不同，归纳总结中外学者对该问题的探讨，以期为学界探索创新研究可能存在的盲区提供借鉴意义。

三、从社会问题角度看创新的消极影响

（一）社会资源利用的浪费

专利是应用最广的知识产权保护方法，更是衡量创新产出的关键指标，其潜在价值（溢出效应与产业运用等）逐渐成为经济增长的助推器（张杰等，2016）。然而，以专利为载体的知识产权保护及其相关政策支持，在降低创新行为风险和提供外在激励的同时，也被认为造成了大量社会资源的浪费。综合相关研究，这种浪费主要体现在以下几个方面。

1. 基于潜在市场利益的策略性行为导致的社会资源浪费

研究揭示，基于潜在市场利益的策略性行为导致了低质量专利的泛滥，这些专利的形成、申请、授权及维权都需要耗费大量人力、物力，造成创新资源的流失。相关研究表明，这些策略性行为大致可以分为两类。

第一类行为主要以获取垄断势力为目的，通过构建“专利丛”来增加潜在竞争者的成本。Heller 和 Eisenberg（1998）在研究生物医学领域的知识产权保护时就提出：构建太多知识产权的并行组合（concurrent fragments）而形成“专利丛”和允许太多上游专利所有者设置层层叠叠的许可（stacking licenses），都会导致本来可以提高社会福利的知识却无法进一步扩散与分享，最终形成“反公地悲剧”。Dosi 等（2006）在批判通过知识产权来保护技术创新时也指出，专利过多会将知识完全细分为零散的

产权索赔，致使单个经济体难以拥有完整的知识产权，而依赖于现有技术组合的后续研究也将为此付出沉重的代价，从而成为未来创新的障碍。其后，Reitzig 等（2010）也得出类似结论：那些利用技术市场信息（以专利为基础）不对称来获取竞争优势的企业，将对知识产权保护理论提出挑战。中国学者郭跃（2009）也关注到了这一现象，认为我国“垃圾专利”激增正是这种策略性行为的结果：在某一行业中通常存在若干基础或核心技术，为获得潜在垄断利益，部分企业会围绕这些技术进行微小改进并为此申请专利，将本应属于公共领域的技术变成私有产权，让竞争对象陷入自己建立的“专利丛”中；其他企业也不甘示弱地开始类似的“圈地运动”，逐渐形成整个行业中专利的恶意竞争。

第二类策略性行为的主体通常被称为非专利实施体（NPEs，也有文献称其为“专利鲨鱼”或“专利蟑螂”等）①，他们通过向潜在侵权企业收取不合理的许可费或诉讼赔偿金来获得利益。Reitzig 等（2007）的研究发现，在相关知识产权保护制度的监督下，已公布的专利和专利申请可能会使企业的注意力下降，而且在其开始生产时也并未将已存在的某项专利视为威胁，因为该专利是由“非诉讼”专利权人所拥有的。但当这些“无害的”专利落入非专利实施体手中，尤其是这些专利被纳入行业或国家技术标准时，企业既无法停止使用该技术，也难以找到可行的替代方案，因而成为专利诉讼的对象与牺牲品（Henkel and Reitzig，2008）。Allison 等（2016）的研究发现，由非专利实施体发起的专利诉讼案件在机械、化学、生物技术和软件行业都很普遍，其中又以软件行业最为密集且胜诉概率也更高。这些非专利实施体拥有的专利数量虽未达研究专利总数的 5%，而且往往只在专利期最后几年才发起专利诉讼，但统计数据表明，超过 66%的诉讼和超过 80%的侵权索赔都来自它们（Love，2013）。这些以专利诉讼为盈利手段的市场主体的行为导致了社会资源的极大浪费。首先，由于这类案件需要收集大量信息并投入大量社会资源，一次专利诉讼的成本通常非常高昂，而且随着专利诉讼案件的增多，整个社会为此承担的诉讼费用也在显著增加（孙远钊，2014）。其次，这些诉讼会导致目标企业发展里程碑推延、业务线或整个业务关闭甚至市场估值下跌，对初创企业和小微企业来说，为此付出的时间、金钱代价会更高（Chien，2012）。

第三类是基于潜在政策利益的策略性行为，导致“专利泡沫”不断膨胀。为获取相关政策优惠与支持，企业将目光投向价值不高但获取成本较低的实用新型和外观设计专利，导致专利数量激增但质量停滞不前，此类“骗补”“寻租”行为造成大量政府资源和社会资源的无谓损失。很多学者就此现象展开了深入研究，其中一个被逐渐认可的观点是，具有政绩诉求的官员间形成的“创新崇拜”是“专利泡沫”的深层原因。在缺乏政治约束和企业管理约束的情况下，以增加个人收益为目的的企业经理人和以获取政绩为目的的政府官员容易形成串谋，这将导致腐败的加剧和社会效率的下降（Shleifer and Vishny，1994）。中国地方政府个别干部为在“晋升锦标赛”中取得

① NPEs 是 non-practicing entities 的缩写，即非专利实施主体或者非实施主体，也可称专利经营实体、非专利运营主体，意为拥有专利权的主体本身并不实施专利技术，即不将技术转化为用于生产流通的产品。

突出的政绩成果，会运用手中的自由裁量权，一方面通过建立大量低水平重复的产业园区来展开地方“高科技产业大战”，另一方面争先推出各种专利资助政策来进行“创新竞赛”；同时一些企业会采取“寻补贴”的逆向选择行为，通过追求创新“数量”和“速度”来迎合监管与政府的创新政策，形成专利“创新假象”（周黎安，2007）。在创新战略的一系列政策驱动下，中国各级政府纷纷出台专利资助政策，专利数量在近几年迎来了火箭式攀升，但由于这些专利多是缺乏自主创新能力的低质量专利，因此形成了“专利泡沫”（张杰等，2016）。事实上，这些政策不但没有提升地方的创新能力以实现发展动能转换，还导致政府资源和要素市场中出现“劣币驱逐良币”的现象，严重扭曲了创新资源的配置，乃至妨碍和延缓了中国政府职能及经济增长方式的转型进程（毛昊等，2018）。

2. 宏观、中观及微观层面的创新管理与协调政策问题导致创新效率低下

随着中国创新驱动发展战略的逐步实施，区域创新成为学界研究的热点，越来越多的研究表明我国创新发展中存在的低效率现象。Guan 和 Liu（2005）在研究中国国家专利与区域创新能力之间关系时发现，在中国的区域创新系统中，企业科研人员的研发活动、政府为企业提供的研发基金、银行的研发贷款及企业为研发机构和大学提供的研究基金都存在不同程度的低效率。张古鹏等（2011）以专利授权率和专利付费期长度来测度创新质量，研究发现中国东部、中部、西部地区的创新质量差异较大，其中经济相对落后地区的创新效率明显偏低。Guan（2012）则指出，从技术发展到商业转化的整个创新转化过程，中国的区域创新系统仅有 1/5 位于相对最佳创新实践前沿面上，其中有效率的上游技术开发区域不足 1/3，而且上游技术研发能力与下游商业转化能力不协调的情况普遍存在。余泳泽和刘大勇（2013）的实证结果也表明，中国区域创新效率差异显著，而且科研创新的效率远低于知识创新和产品创新的效率。对于这些有关中国区域创新效率的负面研究结论，综合文献内容不难发现其原因：首先，在科研环节，由于缺乏有效沟通、协调与共享，创新要素流动受阻，无法充分发挥其知识溢出效应、规模经济效应和要素配置优化效应，因而各区域创新系统间重复研发的情况较为普遍；其次，在科研评估环节，通常以科研成果数量为主要评价指标，而对科研成果后续应用等缺乏有效追踪，导致研发与需求脱节，产生了大量价值不高的专利成果。

综合上述文献研究来看，以潜在市场利益为激励导致专利的恶意竞争、以潜在政策利益为激励形成专利的低端化、因缺乏有效的管理与协调造成创新的低效率，是创新引致社会资源浪费的三种深层原因，但哪种原因占主导，尚未形成一致的看法。一般而言，主导原因会因经济体间的差异而有所不同。就中国的创新发展现状来看，目前仍以后两种情形居多，究其原因，可以总结为以下两点：一是目前我国具有高商业价值的尖端创新相对偏少，且知识产权还不够完善，因而没有形成普遍的“专利丛”，但未来发展仍需对这方面有所警惕；二是在中国，政府“看得见的手”对创新活动的影响极为显著，在创新政策的影响下，企业“寻租”行为相对较多；同时，区域间创新的溢出效应不足，无论是科研环节，还是商业转化环节，都存在一定程度的不协调和脱节。

（二）社会不稳定性增加

正如熊彼特所说，创新是一个“创造性破坏”过程：新的创新出现往往伴随着旧结构的破坏和新结构的创造，由此社会内部“新陈代谢”不息，社会发展步伐不断。然而，由于创新的“涌现”特征和新、旧创新的非平缓过渡，该过程充满了不确定性与风险，因而会对社会稳定造成冲击。根据已有研究，可将创新对社会稳定的不利影响归为导致失业和加剧收入不平等两个方面。

一方面，在创新驱动的竞争演化过程中，旧的生产部门或企业因失去其相对重要性而被淘汰，造成部分劳动者失业；同时，创新将以直接或间接的方式永久地降低对劳动的实际需求，导致整个社会失业率的上升。工作场所中的创新与员工的福祉不但相互关联，而且相互依赖。在创新的实施过程中，员工若无法及时适应组织和技术的变革，往往会因“短期失败”而受到惩罚（Acharya et al.，2013）。作为基层员工利益代表的工会组织，会通过罢工甚至暴力破坏的方式来抵制技术的应用与推广，如英国纺织工人因其破坏机器的运动被后人称作“勒德派”（Luddism）[①]；事实上，工会组织对创新的负面影响在多个国家都得到了证实（Menezes-Filho and van Reenen，2003；Doucouliagos and Laroche，2013）。那么，创新是如何对员工产生失业威胁的呢？通过对已有研究文献的归纳，可以得到如下解释：从微观上来看，作为劳动的需求方，企业是吸纳劳动力的最主要的经济组织。企业的异质性创新活动在破坏原有市场结构的同时导致就业机会的破坏与再分配，由此形成的分配性扰动会对失业波动产生强烈影响（Davis and Haltiwanger，1990）。当新技术的执行成本较高时，物化技术的“磨损”效应明显，企业倾向减少现有岗位或提高现有岗位的工作效率，此时创新对就业的破坏将超过其对就业的补偿（Mortensen and Pissarides，1998）。从宏观上来看，在经济增长过程中，技术创新会产生加速现有工作价值贬损的直接影响和降低现有工作创造价值的间接影响，进而形成对就业的“创造性破坏”效应（Aghion and Howitt，1994）。而当存在制度缺陷时，如金融市场缺乏透明度、高度政治化和不确定的竞争法规等，创新的破坏性过程中将出现“技术僵化”、虚假再分配等“病症”，失业状况进一步恶化（Caballero and Hammour，2000）。事实上，从马克思主义政治经济学的视角来看，社会中的创新活动往往以获取剩余价值为目的，所以势必会埋下失业的种子，而技术创新曾经带来的机械化、电气化等都是失业现象的深层原因。尽管过去农业和制造业的就业机会逐渐被转移到服务业，但近年来人工智能的飞速发展，势必会对第三产业造成史无前例的冲击，同时文化技术水平较低的失业者难以适应现代化技术的快速更替，失业劳动力还能否被充分吸纳将成为未来社会发展的一大难题。

另一方面，创新的商业化与扩散存在时空差异，一小部分创新者会优先享受到创新的收益，这将导致收入的不平等。Acemoglu（2002）曾指出，技术发展会影响劳动力市场结构，由此对工资结构产生巨大影响；美国过去数十年中技术偏向型创新的加速是

---

① 1811 年，纺织工人因担心新发明的蒸汽动力纺织机会抢走他们的饭碗，爆发了破坏机器的运动，这些工人被称作勒德主义者，也被称作勒德派，现一般引申为反对机械化和自动化等技术创新的人。

不平等现象急剧增加的主要原因。其后，有学者分析了创新导致不平等的作用机制。Hornstein 等（2005）认为劳动力市场的不平等是通过各种经济机制的技术变革来塑造的：尽管熟练劳动力的相对供应持续增长，但技术偏向型变革和资本技能互补性将加剧技能溢价，进而导致劳动者工资差距的扩大。创新与不平等的区域差异也是各国学者的一个研究热点。Florida（2007）发现创新虽创造了少数人的财富，但这种繁荣无法产生“滴露效应”，因而美国最具创新性的城市也是最不平等的。徐舒（2010）发现中国的收入不平等具有不对称性；由于技能偏向型技术进步的存在，农村劳动者和城市劳动者的收入差距将继续扩大。在 Lee（2011）看来，创新可能至少通过五种机制导致了区域不平等：①创新收益让创新主体首先受益；②创新部门收入分散程度提升；③技术偏向型创新的扩散对就业机会的冲击；④创新倾向吸收高技能和高薪工人；⑤创新带来部分群体工资的提升会刺激相关服务活动的就业。Breau 等（2014）通过实证研究也得出类似的结论：区域创新与不平等之间显著正相关，而且创新的水平越高导致的不平等程度越深。随着中国步入创新驱动发展阶段，收入不平等未必会按照库兹涅茨的倒 U 理论而逐渐缩小，创新也许将成为收入差距进一步扩大的深层原因，虽然我们不能就此否定创新在提升经济发展质量中的重要作用，但正确认识并合理应对创新可能引致的收入不平等问题，将是未来创新研究的方向之一。

综而观之，创新的“创造性破坏”过程主要从降低社会就业和增加收入不平等两个方面带来社会的不稳定：一方面，创造新工作机会的速度远高于其破坏旧就业机会的速度是创新受到工会和工人抵制的主要原因；另一方面，近年来技术偏向型创新的加速加剧了各国工资结构的失衡。但就如何弱化这两种影响以及这两种影响之间是否存在内在联系，仍是目前研究尚待进一步揭示的领域。因此，更加深入地研究创新在此方面的影响，将有助于增强社会稳定性，为可持续的创新创造良好的社会环境。

（三）给环境资源留下“污点”

纵观人类社会发展史，创新在给人类社会带来重大进步的同时，一方面为环境保护提供了必要的技术手段；另一方面，也留下了许多难以磨灭的“污点”——人们赖以生存的生态环境因创新遭受了永久性的破坏。因此，随着对高质量环境的追求逐渐成为人们的迫切需求，学者们开始关注创新可能带来的环境问题。

从已有研究来看，创新对环境的消极影响主要有直接效应和间接效应两种，其中直接效应主要是指创新的产生与应用过程产生了各种废弃物，对环境造成污染；间接效应则是指创新所引致的能源消耗增加，使得温室气体排放量急剧上升。

一方面，环境污染通常以创新“副产品”的形式出现，并随着创新的扩散而逐步显现。创新带来的新技术可能会产生意料之外的污染，经济全球化在加速创新扩散的同时也让环境污染成为全球性的难题，因而一项创新导致环境污染的严重程度，通常需要在数倍甚至数十倍于其生命周期的时间范围内进行评估（Jaffe et al.，2003）。创新在提升生产力和促进经济增长的同时，所带来的环境污染也会随之加重，所以创新对环境而言是一把“双刃剑”（Levinson，2009）。鉴于这一问题，白俊红和聂亮（2017）提出并验证了技术进步与环境污染之间存在倒U形关系的假说：在经济发展的初始阶段，技术创新以高能耗与高污染为主要特征，环境污染会随技术创新水平的提高而加重；随着经济的进一步发展，社会环保意识和环境规制不断增强，清洁型的技术创新将逐步取代原有技术，环境污染逐步减少。可见，“环境与增长”在很大程度上是一个地区或国家的两难选择，如何才能摆脱发展与污染的困境也成为学者们研究的重点。Grimaud 和 Rouge（2008）将“灰色知识”（与污染相关的不可再生资源）和“绿色知识”（与清洁劳动力相关的资源）间的相对演变视为技术变革的内容，分析了均衡分权下的环境污染问题，认为分权经济会在技术创新的早期阶段排放过多的污染物，人们过度消费带来的环境污染将损害后代的利益。Acemoglu 等（2012）的进一步研究发现，当污染型技术创新与清洁型技术创新高度可替代时，污染型技术创新的初始生产力优势将促使创新锁定于这些技术，经济很快会迎来环境灾难，所以需要对创新进行临时征税，引导技术变革向绿色可持续发展。孙军和高彦彦（2014）则认为，追求利益最大化的企业创新行为所造成的“外部不经济”往往会成为环境污染的源头；当环境污染型技术创新在全球范围内扩散时，随着技术进步路径被锁定，环境污染会愈加严重。

另一方面，由于“回弹效应”的存在，创新虽在微观层面能减少单位产值能耗，但在宏观层面能源效率的提高会带来能源价格的相对降低，引致更多的能源消费，进而产生更多环境污染物。Jevons（1865）在研究英国煤炭问题时发现，一项技术创新的出现通常会带来新一轮更大规模的掠夺性开采与自然资源消耗。随着创新不断推动人类社会发展，人们也愈发相信，技术创新能够通过改进资源或能源的利用效率来实现可持续发展，但这一观念往往高估了技术创新潜在的节能效应，而忽略了技术改进引起的“反扑效应”（Binswanger，2000）。其后，Berkhout 等（2000）提出了“回弹效应”理论，他们结合生产者、消费者的回弹反应及相关商品的替代性与互补性，将对技术创新的响应分解为个体级别的第一级效应（替代效应）和二级效应（收入效应）以及宏观级别的高阶效应，逐步分析了回弹效应是如何“蚕食”技术创新的节能效果的。Birol 和 Keppler（2007）通过进一步研究，认为总的回弹效应包括三个方面：①能源服务相对价格下降的影响，主要取决于能源的替代弹性及其生产占比；②能源服务真实价格下降的影响，主要取决于由消费者、企业层面产品替代弹性共同决定的需求弹性；③能源效率提升带来的经济增长产生的能源引致需求。李强等（2014）认为，现有研究只对能源效率回弹效应中技术进步的回弹效应进行检验，而没有考虑到结构调整对能源效率的影响；而后进行的研究也表明，中国结构调整的回弹效应确实存在，且影响远大于技术进步的回弹效应。

综合上述文献的研究可以发现，创新主要通过（预见和未预见的）直接的环境污染和间接的能耗增加，对自然环境产生较强的“负外部性”。尽管关于创新对环境影响的研究在不同国家或地区得到的结论不同，但可以肯定的是，“绿色型”创新发展将是一种必然选择，绿色发展的理念也已成为经济学研究的热点之一，如何将“绿色成分”纳入对创新的评估中，仍有待进一步的探讨。

四、从组织机构角度看创新的消极影响

企业作为创新发生的重要主体与载体，在这一组织机构内部创新活动将产生何种影响也是学界研究的重点问题之一。囿于经济及企业发展阶段的不同，国内学者更倾向研究如何进行创新及如何发挥创新的积极影响，其研究成果聚焦于提升员工创新能力，进而增强企业的创新绩效与竞争力，所以创新活动（技术创新、组织创新等）会在组织内部产生何种不良影响往往很少提及。实际上，一味强调企业创新能力的提升而忽视这些活动对组织内部产生的影响，可能会损害个体和团队的长期工作效率，是一种失衡的发展策略。反观国外学者，围绕“创新在组织内产生消极影响”的研究却十分丰富。Jehn 等（1999）早期的研究发现，在组织创新过程中，执行创新的员工和抗拒创新的员工间存在较大的社会群体差异与价值观差异，这会导致组员间、团队间冲突不断，进而降低组织内成员的士气和满意度，不利于组织的稳定发展。James 等（1999）也提出了类似忧虑：触发负面情绪和激活负面目标的环境条件将增加负面创造力的可能性，由此产生盗窃、破坏、社会攻击与剥削及破坏性的目标与策略。Levitt（2002）则指出，若缺乏负责任的考虑，创新会给企业带来难以预见的混乱与风险，阻碍企业的发展。

综合相关研究来看，创新在组织内产生的消极影响可以从个体、团队和组织机构三个层次来概括。

一是个体层面。首先，富有创新能力的个体常被视作总是想要改变事物的“麻烦制造者”，其额外的创新尝试行为可能会给别人留下不利的印象，甚至导致与同事的冲突，影响组织内的协作关系（Yuan and Woodman，2010）；其次，具有创新能力的个体更愿意将其创新资源分配到任务的创新方面，而对任务的质量方面关注不足，所以当组织任务倾向准确性和遵守规则时，富有创新能力的个体工作表现较差（Miron et al.，2004）；再次，个体实施创新行为可能会引发挫折、对抗与仇恨情绪，致使创新个体与同事和主管的关系紧张，而且相异的经验可能会导致派系主义、信息扭曲等问题，阻碍组织内的有效沟通（Janssen et al.，2010）；最后，富有创新能力的个体在实施以问题识别、信息搜索、创意生成为表征的多样性创新行为时，会消耗过多的认知资源，导致工作之余与家庭（尤其是配偶）共度时间的大幅下降，对家庭关系造成不利的影响（Harrison et al.，2015）。

二是团队层面。首先，创新对团队而言往往意味着额外的工作量，这将导致成员的满意度下降，而创新最终能否成功的高度不确定性也可能降低群体凝聚力和群体效率；其次，当实施创新时，团队中会存在意见不一致、利益冲突等问题（Anderson and Havermans，2007），而当这些问题引起较高水平的任务冲突时，将导致组织内产生难以承受的冗余信息和协作关系破坏，最终形成对组织机构的不利影响（de Dreu，2006）。

三是组织机构层面。创新也会导致组织环境不稳定、资金不足等问题，而上述各层面的消极影响往往相互作用，形成组织创新无法预见的障碍（Anderson et al.，2004）。由此可见，创新对企业来说并不是有益无害的。只有全面认识创新这把“双刃剑”，实施“以人为本”的创新战略，才能实现员工创新能力与企业创新绩效的协同，赢得更为长久的可持续发展空间。

从现有研究可以看出，关于创新在组织机构内产生的不利影响，国外学者的研究主要体现在对组织中的个体福利和组织效率两个方面；而国内学者尚未关注该领域的研究。国外学者的研究表明，创新对个体、团队和组织机构造成的损害是不容忽视的。随着国内自主创新战略向深层次的推进，若微观层面的创新的消极影响未得到有效识别与控制，最终或许会形成宏观层面上的不利冲击。因而，在中国当前的经济、社会结构下，组织机构层面创新的不利影响及究竟如何降低这种影响从而提升组织创新的效率，应是学界今后需要关注的领域。

五、从道德角度看创新的消极影响

人们通常认为创新能力对个人发展是有益的（Harris，2013），所以现有研究多从不同视角研究创新对个人乃至社会的积极作用。然而，近年来随着社会科学领域研究的不断拓展，创新可能引致的道德问题也逐渐成为研究对象，“恶意创造力”（malevolent creativity）等概念也成为研究的热点（Cropley，2011）。总括现有研究来看，创新引发的道德问题主要体现在两个方面。

其一，具有较强创新能力的决策单位（个体或组织）在面临困境时，实施不利于集体或社会的不道德行为的倾向更为明显。Mazar 等（2008）提出，大多数人不诚实行为的能力会因其作弊能力不足而未显现出来，在日常生活中表现为典型的道德个体，但创新能力会提升个体的作弊能力，使其不道德行为更难以被察觉，因而在某种程度上会让个体倾向采取不诚实的行为并使之合理化。随后，Gino 和 Ariely（2012）在以发散思维和认知灵活来表征创新能力的实验中，发现具有创新能力的人更倾向谎称实验表现来操作其测试结果。由此他们提出，创新能力虽然能够帮助个体跳出思维定式，但也会促使其放松道德标准，增强个体的不道德行为动机。Beaussart 等（2013）也认为，不论是有意还是无意，创新过程都可能带来潜在的伤害。他们在随后的一个信贷实验中发现，人格的诚信度和行为的正直性均与创新能力负相关。因而，在面临困难或外在诱惑时，创新能力强的个体更倾向违背承诺，做出不利于集体和社会的不道德行为。国内也有学者进行了类似相关研究。王英芊和司继伟（2014）运用创造性人格量表等测试工具，以初二学生为实验对象，进一步证实了创新与说谎行为间的正相关性。贡喆和刘昌（2016）分别从基本概念、测量方法、影响因素等方面总结、探讨了关于恶意创造力的现有研究，认为研究创新能力带来的消极影响具有重大的现实意义。

其二，创新正外部性会产生导致市场失灵的“搭便车”的不道德行为。基于共享成本和共享技能的动机，企业集团会进行合作研发，但由于合作创新具有显著的知识溢出效应，且成功的创新能够给企业带来潜在的垄断利益，因而合作企业间往往会产生机会主义行为，进而导致合作关系难以为继（肖条军和盛昭瀚，2000）。蒋殿春（2001）在研究国际贸易背景下的创新博弈问题时也发现，由于技术溢出效应在跨国公司和发展中东道国企业间存在明显的非对称性，在技术创新过程中往往会出现大量的“搭便车”者。当二者之间技术差距较为悬殊时，技术后进者的不道德模仿行为更为普遍。为探寻这类机会主义行为背后的动机，易余胤等（2005）构建了包含互惠主义型企业和机会主义型企业的演化博弈模型，其仿真结果表明，监督成本与创新收益的偏离是决定机会主义行为的深层原因。若企业的监督成本超出合作创新收益，机会主义行为会充斥于整个市场。在“山寨”现象背后，也存在类似机制：由于技术创新带来的巨大利益，让低成本的模仿行为有利可图；由于保护成本过高，故不道德模仿行为难以得到有效控制，“劣币驱逐良币”的现象频发，进而导致产业链的畸形发展（易余胤，2008）。

上述研究表明，创新活动一方面会强化个体的社会不道德行为倾向；另一方面，在市场中创新活动会引致众多的“搭便车”行为。前者主要源于心理学领域的研究，后者多为博弈论视角的研究结论。中国在全民创新的社会背景下，如何使创新活动遵循道德诚信、减少市场中的机会主义行为，不论是在理论层面，还是在现实层面，都具有不可忽视的积极意义。

六、结　论

世界经济近百年来发展中的生产力持续提升，抑或中国改革开放四十余年来经济的蓬勃发展，无疑是创新一直发挥着关键的推动作用。恰恰因此，某些创新的消极影响无形中被忽视了。实践中，人们更执迷于创新如何解放生产力、创造社会财富而忽视其“反扑”，这不仅是因为创新具有诱人的积极影响，更是因为创新的消极影响具有较长的时滞，加之认知的局限性，这二者共同导致人们无法及时识别出创新的所有影响。通过对已有相关研究的梳理，本文从资源浪费、社会稳定、环境保护、组织机构和道德五个方面对创新可能引致的消极影响进行了归纳，希望能够为打破对创新的认知局限提供一些启示。

我们认为，结合国内外研究现状，创新研究的未来发展方向可以从以下两个方面进行拓展与完善：第一，将创新的消极影响纳入考虑，能使相应的实证研究更为全面与客观，让政策效果更具可持续性；第二，创新经济学理论体系的完善需纳入创新在个体、组织、市场和社会层面产生的消极影响的思考，突破现有“成本-收益”分析框架的局限，建立一个更加科学合理的创新政治经济学。

参考文献

白俊红，聂亮. 2017. 技术进步与环境污染的关系——一个倒 U 形假说. 研究与发展管理，29（3）：131-140.

贡喆，刘昌. 2016. 恶意创造力：概念、测量方法、影响因素以及研究展望. 心理科学，（1）：63-68.

郭跃. 2009. 专利的策略性使用对市场竞争的损害分析. 大连大学学报，30（1）：110-114.

蒋殿春. 2001. 跨国公司与发展中东道国企业的技术创新博弈. 世界经济，（9）：31-40.

黎文靖，郑曼妮. 2016. 实质性创新还是策略性创新?——宏观产业政策对微观企业创新的影响. 经济研究，（4）：60-73.

李强，魏巍，徐康宁. 2014. 技术进步和结构调整对能源消费回弹效应的估算. 中国人口·资源与环境，24（10）：64-67.

毛昊，尹志锋，张锦. 2017. 策略性专利诉讼模式：基于非专利实施体多次诉讼的研究. 中国工业经济，（2）：136-153.

毛昊，尹志锋，张锦. 2018. 中国创新能够摆脱“实用新型专利制度使用陷阱”吗. 中国工业经济，（3）：98-115.

舒马赫 E F. 2007. 小的是美好的：一本把人当回事的经济学著作. 李华夏译. 南京：译林出版社.

斯旺 G M P. 2013. 创新经济学. 韦倩译. 上海：格致出版社.

孙军，高彦彦. 2014. 技术进步、环境污染及其困境摆脱研究. 经济学家，（8）：52-58.

孙远钊. 2014. 专利诉讼“蟑螂”为患?——美国应对“专利蟑螂”的研究分析与动向. 法治研究，（1）：74-84.

王英芋，司继伟. 2014. 初中生创造性人格与说谎行为的联系：自尊的作用. 心理与行为研究，12（2）：161-166.

肖条军，盛昭瀚. 2000. 企业集团技术创新中非技术因素的影响与对策. 科研管理，21（3）：11-17.

熊彼特 J. 1990. 经济发展理论：对于利润资本信贷利息和经济周期的考察. 何畏，易家祥，等译. 北京：商务印书馆.

徐舒. 2010. 技术进步、教育收益与收入不平等. 经济研究，（9）：79-92.

易余胤. 2008. 技术创新中不道德模仿行为的演化博弈分析. 统计与决策，（20）：74-76.

易余胤，肖条军，盛昭瀚. 2005. 合作研发中机会主义行为的演化博弈分析. 管理科学学报，8（4）：80-87.

余泳泽，刘大勇. 2013. 我国区域创新效率的空间外溢效应与价值链外溢效应——创新价值链视角下的多维空间面板模型研究. 管理世界，（7）：6-20.

张古鹏，陈向东，杜华东. 2011. 中国区域创新质量不平等研究. 科学学研究，29（11）：1709-1719.

张杰，高德步，夏胤磊. 2016. 专利能否促进中国经济增长——基于中国专利资助政策视角的一个解释. 中国工业经济，（1）：83-98.

周黎安. 2007. 中国地方官员的晋升锦标赛模式研究. 经济研究，（7）：36-50.

Acemoglu D. 2002. Technical change，inequality，and the labor market. Journal of Economic Literature，40（1）：7-72.

Acemoglu D，Aghion P，Bursztyn L，et al. 2012. The environment and directed technical change. American Economic Review，102（1）：131-166.

Acharya V V，Baghai R P，Subramanian K V. 2013. Labor laws and innovation. Journal of Law &

Economics, 56（4）: 997-1037.
Aghion P, Howitt P. 1994. Growth and unemployment. Review of Economic Studies, 61（3）: 477-494.
Allison J, Lemley M, Schwartz D. 2016. How often do non-practicing entities win patent suits. Stanford Law and Economics Olin Working Paper.
Anderson N R, Dreu C K W D, Nijstad B A. 2004. The routinization of innovation research: a constructively critical review of the state-of-the-science. Journal of Organizational Behavior, 25（2）: 147-173.
Anderson N R, Havermans L L. 2007. Helping creativity and innovation thrive in organizations: functional and dysfunctional perspectives//Langan-Fox J, Cooper C L, Klimoski R J. Research Companion to the Dysfunctional Workplace: Management Challenges and Symptoms. London: Edward Elgar.
Beaussart M L, Andrews C J, Kaufman J C. 2013. Creative liars: the relationship between creativity and integrity. Thinking Skills & Creativity, 9（2）: 129-134.
Berkhout P H G, Muskens J C, Velthuijsen J W. 2000. Defining the rebound effect. Energy Policy, 28（6）: 425-432.
Binswanger M. 2000. Technological progress and sustainable development: what about the rebound effect? Ecological Economics, 36（1）: 119-132.
Birol F, Keppler J H. 2007. Prices, technology development and the rebound effect. Energy Policy, 28（6）: 457-469.
Breau S, Kogler D F, Bolton K C. 2014. On the relationship between innovation and wage inequality: new evidence from Canadian cities. Economic Geography, 90（4）: 351-373.
Caballero R J, Hammour M L. 2000. Creative destruction and development: institutions, crises, and restructuring. Delta Working Papers.
Chien C V. 2012. Startups and patent trolls. Santa Clara University School of Law, Legal Studies Research Papers Series, Accepted Paper No. 09-12.
Cropley D H. 2011. The dark side of creativity. Encyclopedia of Creativity, 6（1/2）: 351-357.
Davis S J, Haltiwanger J. 1990. Gross job creation and destruction: microeconomic evidence and macroeconomic implications. Nber Macroeconomics Annual, 5: 123-168.
de Dreu C K W. 2006. When too little or too much hurts: evidence for a curvilinear relationship between task conflict and innovation in teams. Journal of Management, 32（1）: 83-107.
Dosi G, Marengo L, Pasquali C. 2006. How much should society fuel the greed of innovators? On the relations between appropriability, opportunities and rates of innovation. Research Policy, 35（8）: 1110-1121.
Doucouliagos H, Laroche P. 2013. Unions and innovation: new insights from the cross-country evidence. Industrial Relations: A Journal of Economy & Society, 52（2）: 467-491.
Florida R. 2007. The flight of the creative class. Liberal Education, 92（3）: 741-752.
Gino F, Ariely D. 2012. The dark side of creativity: original thinkers can be more dishonest. Social Science Electronic Publishing, 102（3）: 445-459.
Grimaud A, Rouge L. 2008. Environment, directed technical change and economic policy. Environmental & Resource Economics, 41（4）: 439-463.
Guan J. 2012. Measuring the efficiency of China's regional innovation systems: application of network data envelopment analysis（DEA）. Regional Studies, 46（3）: 355-377.
Guan J, Liu S. 2005. Comparing regional innovative capacities of PR China based on data analysis of the national patents. International Journal of Technology Management, 32（3/4）: 225-245.
Harris D J. 2013. The influence of problem construction, implicit aggression, and task valence on

malevolent creativity. University of Nebraska.

Harrison S H, Wagner D T. 2015. Spilling outside the box: the effects of individuals' creative behaviors at work on time spent with their spouses at home. Academy of Management Journal, 59（3）: 841-859.

Heller M A, Eisenberg R S. 1998. Can patents deter innovation? The anticommons in biomedical research. Science, 280（5364）: 698-701.

Henkel J, Reitzig M. 2008. Patent sharks. Harvard Business Review, （86）: 129-133.

Hornstein A, Krusell P, Violante G L. 2005. Chapter 20-The effects of technical change on labor market inequalities. Handbook of Economic Growth, （5）: 1275-1370.

Jaffe A B, Newell R G, Stavins R N. 2003. Technological change and the environment. Handbook in Environmental Economics, 3（4）: 461-516.

James K, Clark K, Cropanzano R. 1999. Positive and negative creativity in groups, institutions, and organizations: a model and theoretical extension. Creativity Research Journal, 12（3）: 211-226.

Janssen O, Evert V D V, West M. 2010. The bright and dark sides of individual and group innovation: a special issue introduction. Journal of Organizational Behavior, 25（2）: 129-145.

Jehn K A, Northcraft G B, Neale M A. 1999. Why differences make a difference: a field study of diversity, conflict, and performance in workgroups. Administrative Science Quarterly, 44（4）: 741-763.

Jevons W S. 1865. The Coal Question: An Inquiry Concerning the Progress of the Nation and the Probable Exhaustion of Our Coal-Mines. London: Macmillan.

Lee N. 2011. Are innovative regions more unequal? Evidence from Europe. Environment & Planning C: Government & Policy, 29（1）: 2-23.

Levinson A. 2009. Technology, international trade, and pollution from US manufacturing. American Economic Review, 99（5）: 2177-2192.

Levitt T. 2002. Creativity is not enough. Harvard Business Review, 80（8）: 137-145.

Love B J. 2013. An empirical study of patent litigation timing: could a patent term reduction decimate trolls without harming innovators? SSRN Electronic Journal, 161（5）: 1309-1359.

Mazar N, Amir O, Dan A. 2008. The dishonesty of honest people: a theory of self-concept maintenance. Journal of Marketing Research, 45（6）: 633-644.

Menezes-Filho N, van Reenen J. 2003. Unions and innovation: a survey of the theory and empirical evidence. CEPR Discussion Papers.

Mill J S. 2004. Principles of Political Economy with Some of Their Applications to Social Philosophy. Cambridge: Hackett Publishing Company.

Miron E, Erez M, Naveh E. 2004. Do personal characteristics and cultural values that promote innovation, quality, and efficiency compete or complement each other? Journal of Organizational Behavior, 25（2）: 175-199.

Mortensen D T, Pissarides C A. 1998. Technological progress, job creation, and job destruction. Review of Economic Dynamics, （4）: 733-753.

Reitzig M, Henkel J, Heath C. 2007. On sharks, trolls, and their patent prey-unrealistic damage awards and firms' strategies of "being infringed". Research Policy, 36（1）: 134-154.

Reitzig M, Henkel J, Schneider F. 2010. Collateral damage for R&D manufacturers: how patent sharks operate in markets for technology. Social Science Electronic Publishing, 19（3）: 947-967.

Ruskin J. 1908. The Two Paths. West Lafayette: Parlor Press.

Shleifer A, Vishny R W. 1994. Politicians and firms. Quarterly Journal of Economics, 109（4）:

995-1025.

Tenner E. 1996. Why Things Bite Back：Technology and the Revenge Effect. London：Fourth Estate.

Witt U. 2016. What kind of innovations do we need to secure our future? Journal of Open Innovation Technology Market & Complexity，2（1）：17.

Yuan F，Woodman R W. 2010. Innovative behavior in the workplace：the role of performance and image outcome expectations. Academy of Management Journal，53（2）：323-342.

全球化时代下大国间税收博弈及其合作机制研究
——基于演化博弈模型和仿真模拟的分析①

文礼朋② 郑铿城③

摘　要：全球化时代下，由于各国对资本要素的征税力度不同，且资本要素在国家间的流动速度加快，资本要素会从较高税率国家流向较低税率国家，寻找更适合自身发展的环境。世界大国为了吸引国外资本流入，同时减少本国资本的外流，会对资本要素采取较低税率措施，多国竞相模仿，形成了国际资本减税潮流。该潮流虽有利于吸引国外资本流入，提升本国生产和投资的积极性，但也会带来国家财政收入下降、社会福利削减、人力资本衰退、公共品供给降低和社会不平等一系列问题。本文利用对称演化博弈模型和非对称演化博弈模型对大国间税收博弈和共同控制资本流动的国家合作机制进行研究，并利用 Matlab 软件对博弈结果进行仿真处理，根据研究结果提出相关的建议。

关键词：资本减税潮；演化博弈；合作机制；仿真模拟

中图分类号：F061.3

一、引　言

在全球化时代，在各国资本回报率相近的情形下，资本要素会从较高税率国流向较低税率国，寻找更有利于自身增值的环境。对资本要素进行征税，除了常见的企业所得税、财产税，其实还包括社会保障税中由雇主承担的部分等。当一国对资本的征税力度明显大于其他国家时，资本就会外流至他国，带动他国经济的增长。为了防止资本外流，各国竞相开展对资本的减税热潮，形成大国税收不合作博弈局面。当各国都对资本减税以吸引国外资本流入时，其结果是相互抵消的，而各国对资本的共同减税，必然导致财政收入不足，社会福利削减，会加剧各国社会不平等，公共品供给不足，损害经济的可持续性。由于各国财政支出的刚性，资本减税带来财政收入的下降，间接税地位回升，进一步加剧了社会不平等。国际税收不合作博弈过程是一个动

---

① 广西哲学社会科学规划研究课题一般项目“新常态背景下政府补助资金使用优化路径研究”（编号：17BGL006）；桂林电子科技大学研究生教育创新计划项目（编号：2020YCXS076）。

② 文礼朋，男，湖南嘉禾人，博士，桂林电子科技大学商学院教授，研究方向为经济史、制度经济学、发展经济学与世界经济。

③ 郑铿城，男，福建漳州人，桂林电子科技大学商学院硕士研究生，研究方向为理论经济学。

态演变的过程。本文先采用对称演化博弈论的方法研究各国通过税制的变动来吸引资本流动的过程，再利用非对称演化博弈的方法对大国税收博弈过程中构建合作机制的可行性进行分析，并对研究结果进行仿真处理，通过模型结果，对全球化时代下“资本减税潮”的应对提出相关的建议。

二、文献综述

在当前学术界，还没有学者从演化博弈论的角度来分析国家间税收竞争问题，同时也缺乏对税制演化和社会不平等之间的关联的研究，故本文主要结合演化博弈方法，对全球化时代下大国税收博弈过程及构建合作机制的可能性进行研究。在已有文献中，针对 OECD（Organization for Economic Co-operation and Development，经济合作与发展组织）国家、亚洲国家和拉丁美洲国家的税收比例和税收结构的研究发现，增值税、一般消费税扩围，全球间接税的重要性正在回升，逆转了此前直接税比重不断上升的趋势（张文春，2015）。李猛（2019）基于 OECD 国家数据做了实证研究，探索世界“减税潮”的真假，指出各国在降低企业所得税率、个人所得税边际税率的同时，整体税负并未下降。闫威和肖笛（2008）对税收竞争和地方公共品供给不足的问题进行了研究，提出如果地区间是同质的，且每个地区只能以从源征收的资本税为公共品融资，则地方公共品将供给不足。郑新业等（2019）研究了全球税收竞争与中国的政策选择，通过理论与实证研究相结合的方法，对新时代下中国的税收政策进行重新审视。刘穷志（2017）通过研究非合作经济框架下的理论模型对税收竞争、资本外流和投资环境改善问题进行分析，研究经济增长与收入公平分配并行的路径。上述研究各有侧重，为探索国际税收竞争和社会不平等的发展奠定了基础，本文提出的大国演化博弈模型从一个新视角来研究该问题。

三、演化博弈概念引入

演化博弈论不同于传统的经典博弈论，它是将演化的思想和博弈论进行结合，其中，演化思想最初来自生物学领域。达尔文认为生物界的发展就是一个不断演化的过程，20 世纪末兴起的演化经济学思想，就是把达尔文在生物界所提到的“变异、选择和遗传”的过程转化为“创新、选择和扩散”的过程（白瑞雪，2011），演化经济学的思想更加强调了经济社会系统具有相当复杂的特征，它突破了传统西方经济学的思想，运用生物学科这个系统来研究整个经济社会（Jiang et al.，2020）（图 1）。在当前全球化时代下，各国对资本展开激烈竞争所产生的各类社会问题，本身也是一个复杂的过程，故运用演化的思想来分析更加合理，演化博弈论和演化经济学都把“创新、选择和扩散”视为演化的主要机制，演化博弈论也为演化经济学提供了微观基础。

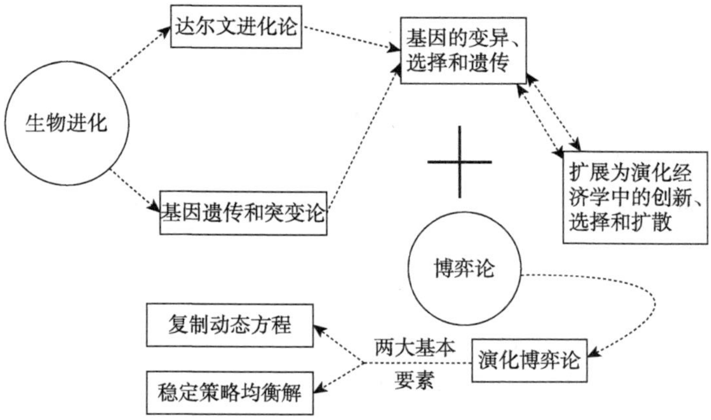

图 1　演化博弈论的演变过程

在演化博弈论中，基本的核心是复制动态方程和演化稳定策略，在传统的经典博弈中，可以通过博弈矩阵来构建支付函数，进而分析博弈的均衡点（黄凯南，2009；Fang et al.，2020）。传统博弈较演化博弈而言，是一种静态的博弈过程，无法很好地展示大国资本争夺的过程，而演化博弈把支付函数转为适应度函数，整个演化过程遵循选择机制和变异机制。选择机制即通过演化博弈矩阵来确定复制动态方程，并求出包含的解。变异机制用来检验演化均衡是否稳定，即验证复制动态方程所求出的解是否为演化稳定策略解。同时演化博弈模型也分为对称演化博弈和非对称演化博弈（You et al.，2020），对称演化博弈是较为简单的博弈，可以通过复制动态方程直接判断稳定点，而非对称演化博弈在建模过程中，除了构建复制动态方程以外，还需借助雅克比矩阵，对均衡点进行判定，本文针对不同的博弈情景使用不同的方法，使研究更为严谨。

四、大国间的税收竞争演化——基于对称演化博弈模型

本文构建大国税收不合作演化博弈模型对国家间的资本争夺进行研究，先对大国演化博弈模型提出相关的假设。

（1）政府是有限理性人，即不同国家在进行决策制定的过程中，任何一方都无法一开始就做出最优策略，只有通过不断的试错和探索才可以得出最优的决策方案，决策的调整过程可以运用复制动态方程来表示。

（2）博弈的过程是一个对称的演化博弈过程，选择发达国家作为研究对象，假定博弈过程所产生的不同收益仅仅是国家制定的不同博弈策略导致的，与国家自身因素无关。

（3）假定资本和人才在国家之间的流动所受的阻力较小，可以忽略不计。

（4）假设 A 国和 B 国同时对资本要素采取较低税率措施或者同时采取较高税率措施后，最终两国对资本要素的征税力度相近，只有当一国采取较高税率措施，另一国采

取较低税率措施的时候，才会发生资本在国家间的流动。

参数设置：

s 表示一国通过对资本要素采取较低税率措施来刺激企业生产所带来的效益；

I 表示一国通过对资本要素采取较低税率措施来刺激国内投资增长所带来的效益；

k 表示国外资本流入给国内经济的发展带来的促进效益；

g 表示一国财政收入增加带来的效益；

c 表示一国国内公共品供给量增加带来的效益；

f 表示一国国内社会福利增加带来的效益；

w 表示一国国内人力资本发展带来的效益；

v 表示一国国内社会平等带来的效益；

H_1 表示 A 国的初始禀赋效益；

H_2 表示 B 国的初始禀赋效益。

基于演化博弈模型的相关假设和一国对资本要素采取较高税率措施或较低税率措施所带来的收益函数进行分析，构建的大国税收博弈模型如表 1 所示。

表 1　大国税收博弈模型

项目	B 国对资本采取较低税率措施	B 国对资本采取较高税率措施
A 国对资本采取较低税率措施	($H_1+s+I-g-c-f-w-v$, $H_2+s+I-g-c-f-w-v$)	($H_1+s+I+k-g-c-f-w-v$, $H_2+g+c+f+w+v-s-I-k$)
A 国对资本采取较高税率措施	($H_1+g+c+f+w+v-s-I-k$, $H_2+s+I+k-g-c-f-w-v$)	($H_1+g+c+f+w+v-s-I$, $H_2+g+c+f+w+v-s-I$)

通过上述演化博弈矩阵，可将大国博弈结果分以下四种情况进行考虑，在每种对应的情况内，给出相应的大国收益值，并对该收益值进行解释，分析如下。

情况 1：两国同时对资本采取较低税率措施。

两国收益值：$H_1+s+I-g-c-f-w-v$ 与 $H_2+s+I-g-c-f-w-v$。

说明：当A国和B国都对资本要素采取较低税率措施时，资本要素在不同国家间需要交纳的税负差异不大，因为资本要素从一国流动到另外一国，会耗费一定的流动成本，故当两国对资本要素的征税力度相近时，资本会留在本国，而不会流向外国。另外，由于国家降低了资本要素的征税力度，会刺激国内企业的生产经营，并刺激国内投资，带动经济发展（万莹，2016；Xu et al.，2018），故会给整个国家带来效益 $s+I$，同时，对资本采取较低税率措施也会给国家带来效益的损失，包括国内财政收入下降、公共品供给不足、社会福利削减、人力资本削减及社会不平等程度加深等，即会使整个国家的效益损失 $g+c+f+w+v$。所以 A 国在该情况下的效益值为 $H_1+s+I-g-c-f-w-v$，B 国在该情况下的效益值为 $H_2+s+I-g-c-f-w-v$。

情况 2：两国同时对资本采取较高税率措施。

两国收益值：$H_1+g+c+f+w+v-s-I$ 与 $H_2+g+c+f+w+v-s-I$。

说明：当两国都对资本要素采取较高税率措施时，由基本假设可知两国将上调征税力度到相近水平，资本将不会在两国间进行频繁流动，资本将继续留在本国发展。对资本要素采取较高税率措施的同时，带来的正效益包括财政收入增加、公共品供给增加、社会福利增加、人力资本发展，同时可以促进社会平等的发展，将会给国家带来 $g+c+f+w+v$ 的效益，同时较高税率有可能挫伤企业生产积极性和投资的发展，故带来 $s+I$ 的损失，最终 A 国的效益为 $H_1+g+c+f+w+v-s-I$，B 国的效益为 $H_2+g+c+f+w+v-s-I$。

情况 3：A 国对资本采取较低税率政策，而 B 国对资本采取较高税率政策。

两国的收益值：$H_1+s+I+k-g-c-f-w-v$ 与 $H_2+g+c+f+w+v-s-I-k$。

说明：由于两国对资本的征税情况不同，资本将会在两国间发生流动，从高税国流向低税国，故 A 国将带来收益 k，B 国将减少收益 k，同时考虑减税提升了 A 国的生产力和投资，降低了 A 国财政收入且阻碍了 A 国公共品供给、社会福利和人力资本的发展，则 A 国最终的收益为 $H_1+s+I+k-g-c-f-w-v$，同理可得 B 国的收益为 $H_2+g+c+f+w+v-s-I-k$。

情况 4：A 国对资本采取较高税率措施，而 B 国对资本采取较低税率措施。

两国的收益值：$H_1+g+c+f+w+v-s-I-k$ 与 $H_2+s+I+k-g-c-f-w-v$。

说明：该情况代表的是A国对资本要素采取较高税率措施，而B国对资本要素采取较低税率措施，与情况 3 类似，资本要素将从 A 国流向 B 国，给 B 国带来 k 的收益，则 A 国的收益为 $H_1+g+c+f+w+v-s-I-k$，B 国的收益为 $H_2+s+I+k-g-c-f-w-v$。

由于该矩阵为对称演化博弈矩阵，故假设一国有 x 的概率选择对资本要素采取较低税率措施，有 $1-x$ 的概率选择对资本要素采取较高税率措施，U_1 代表A国的期望支付效用，U_2 代表 B 国的期望支付效用，$\overline{U}$ 代表两国平均期望支付效用，则构建演化博弈对应的支付效用方程如下：

$$U_1=x(H_1+s+I-g-c-f-w-v)+(1-x)(H_1+s+I+k-g-c-f-w-v) \tag{1}$$

$$U_2=x(H_1+g+c+f+w+v-s-I-k)+(1-x)(H_1+g+c+f+w+v-s-I) \tag{2}$$

$$\overline{U}=xU_1+(1-x)U_2 \tag{3}$$

由以上方程，得到演化博弈的复制动态方程为

$$\begin{aligned}F(x)&=\frac{\mathrm{d}x}{\mathrm{d}t}=x\left(U_1-\overline{U}\right)\\&=x(1-x)(U_1-U_2)\\&=x(1-x)\left[2(s+I)-2(g+c+f+w+v)+k\right]\end{aligned} \tag{4}$$

故令复制动态方程 $F(x)=0$，则得 $x_1=0$，$x_2=1$，再对两个解进行验证，分析是否为稳定策略均衡点，对复制动态方程做如下计算：

$$F'(x)=(1-2x)\left[2(s+I)-2(g+c+f+w+v)+k\right] \tag{5}$$

演化博弈的均衡点必须满足 $F'(x)<0$，故当 $2(g+c+f+w+v-s-I)<k$ 时，可得 $x_2=1$ 是演化博弈的均衡点，当 $2(g+c+f+w+v-s-I)>k$ 时，可得 $x_1=0$ 是演化博弈的均衡点。

为了更好地刻画大国间税收竞争博弈过程，本文借助 Matlab 软件对演化博弈结果进行仿真分析，设定的初始数值为 $g=30$，$c=10$，$f=15$，$w=20$，$v=40$，$s=35$，$I=25$。当资本流动受限时，本国资本对国外资本带来的收益较小，k 值也较小。随着资本流动速度加快，以及资本流动的难度降低，k 值会逐渐提升。故在演化仿真过程中，k 值分别

取 70、90、105、115、130、150 六个值，观察在不同 k 值的情况下，大国博弈策略的演变。通过仿真分析得到结果如图 2 所示。

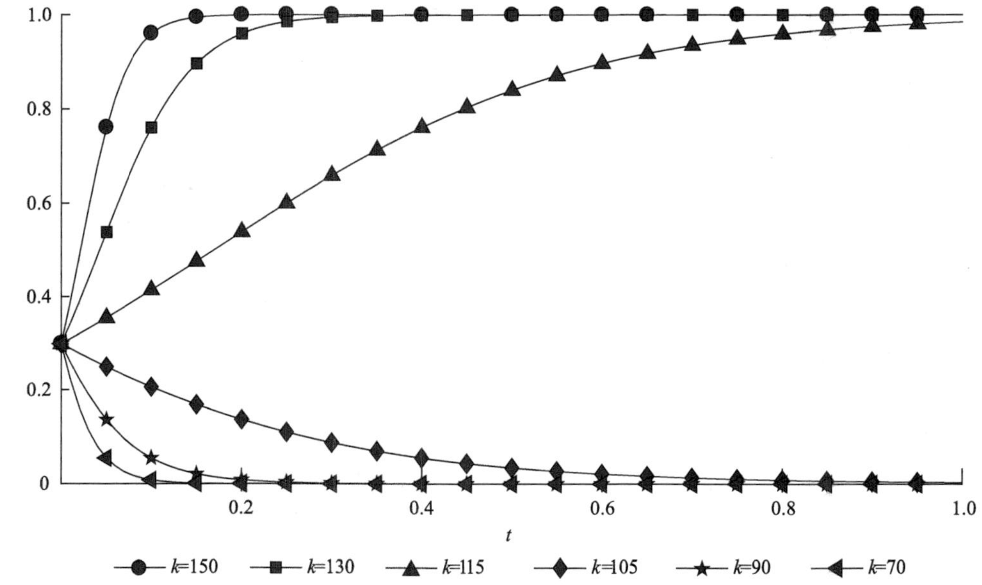

图 2　国外资本流入给国内经济带来的收益值 k 变化对演化结果的影响

通过演化博弈结果的分析，可看出当国外资本流入给一国国内带来的收益值 k 越大时，该国越会选择 $x_2=1$ 的稳定策略均衡点，即该国会选择对资本要素采取低税收措施，来吸引国外资本的流入。当资本流动受到限制时，k 值对一国经济的影响会减小，该国会倾向选择 $x_1=0$ 的稳定解，即两国都采取高税收政策。资本收益值 k 主要受到两个因素的影响：一是国家对资本要素的依赖程度；二是资本要素在国家间流动的难易程度。当资本在国家间越容易流动，且一国发展对资本的依赖性越强的时候，资本收益值 k 会越大。由于当前世界处于全球化时代，各国的贸易往来十分密切，资本外流的概率逐渐增大，各国对资本采取低税收的力度也逐渐增强，社会不平等问题也在逐渐加剧。

综上所述，可以看出大国在税收不合作博弈过程中，当资本收益给社会系统带来的收益较高，且资本在国家间容易流动的时候，大国都会倾向做出对国内资本采取低税收的行为决策。故若要缓解社会不平等现象，不仅需要采用累进所得税率进行征税，还要加强对国内资本的管控，减少资本外流的概率，同时也应减少对资本的依赖程度，建设多元化、可持续性的增长模式。

五、大国税收博弈合作机制演化——基于非对称演化博弈模型

在全球化时代下，资本在国家间的流动速度会加快，资本要素对于一国的重要性被放大，若没有严格的资本监督环境和有效的国家合作作为基础，大国最终的演化博弈稳

定均衡点将是 $x=1$，即各国都会降低对资本的征税力度。各国频繁地对资本减税，将使经济进入恶性循环，无法实现一国经济的可持续发展，因此也凸显了对资本的监管及构建国家间有效合作的重要性。本节利用非对称演化博弈模型对大国税收博弈合作机制模型进行分析，研究税收全球化时代下，建立更加稳定、有效的合作机制所需的条件。

模型假设：

（1）假设 A 国和 B 国在一开始尝试构建合作机制，共同控制资本在国家间的流动速度和流动量。

（2）假设 B 国经济落后于 A 国，根据智猪博弈原理，B 国对国内资本的流动采取不监督的举措，A 国则可以对国内资本要素选择监督或者不监督的举措。

（3）假设 A 国和 B 国的合作不受到国际上其他国家的干扰，同时 A 国出于经济发展大国角度考虑不违背合作条约，若合作机制出现破裂，只会是 B 国在合作过程中违背合作条约。

参数设置：

H_1 表示 A 国的初始禀赋值；

H_2 表示 B 国的初始禀赋值；

q 表示国家对资本进行监督所消耗的成本；

g 表示财政收入增加带来的收益；

c 表示公共品供给增加带来的收益；

f 表示社会福利增加带来的收益；

w 表示人力资本带来的收益；

v 表示社会平等带来的收益；

s 表示企业生产积极性提高带来的收益；

I 表示国内投资增加带来的收益；

k 表示在没有监督的环境下，国外资本流入给一国带来的收益；

k_1 表示在有监督的环境下，国外资本流入给一国带来的收益。

根据模型假设，A 国在采取合作的前提下，可以选择对资本监督或不监督的举措。B 国在不对资本进行监督的前提下，可以选择遵守合作条约或者背叛合作条约，故构建的非对称演化博弈矩阵如表 2 所示。

表 2　大国税收合作机制非对称演化博弈矩阵

项目	B 国选择遵守合作条约	B 国选择背叛合作条约
A 国对资本进行监督	$(H_1-q+g+c+f+w+v,$ $H_2+g+c+f+w+v)$	$(H_1-q+g+c+f+w+v-k_1,$ $H_2+k_1-g-c-f-w-v+s+I)$
A 国不对资本进行监督	$(H_1+g+c+f+w+v,$ $H_2+g+c+f+w+v)$	$(H_1+g+c+f+w+v-k,$ $H_2+k-g-c-f-w-v+s+I)$

对上述非对称演化博弈模型进行分析，分以下四种情况进行说明。

情况 1：A 国对资本进行监督，B 国选择遵守合作条约。

在该情况下，由于 A 国对资本进行监督，故需要消耗一定的监督成本 q，两国可以达成稳定的合作机制，共同控制对资本的征税力度，故两国共同实现社会公平的效益，即 A 国最终的效益值为 $H_1-q+g+c+f+w+v$，B 国最终的效益值为 $H_2+g+c+f+w+v$。

情况 2：A 国不对资本进行监督，B 国选择遵守合作条约。

在该情况下，两国可以实现社会公平带来的效益，同时 A 国也不消耗监督成本，故两国的最终效益值分别为 $H_1+g+c+f+w+v$ 和 $H_2+g+c+f+w+v$。

情况 3：A 国对资本进行监督，B 国选择背叛合作条约。

在该情况下，B 国选择背叛条约，为吸引 A 国资本流入，B 国将进一步降低对资本的减税力度。因为 A 国对资本采取了监督，故流入 B 国的资本量为 k_1，将小于在没有监督的情况下流入的资本量 k，B 国加大对资本的减税力度将会导致社会平等效益的损失，但有利于促进经济生产活力和投资的发展，可得两国最终的收益值分别为 $H_1-q+g+c+f+w+v-k_1$ 和 $H_2+k_1-g-c-f-w-v+s+I$。

情况 4：A 国不对资本进行监督，B 国选择背叛合作条约。

在这种情况下，资本从 A 国流向 B 国的量将会大于在没有监督环境下资本流出的量，同样结合减税给国内经济发展带来的收益和损失，得出两国的最终收益值分别为 $H_1+g+c+f+w+v-k$ 和 $H_2+k-g-c-f-w-v+s+I$。

假设 A 国有 x 的概率选择对资本进行监督，有 $1-x$ 的概率选择不对资本进行监督，B 国有 y 的概率选择遵守合作条约，有 $1-y$ 的概率选择背叛条约。根据演化博弈模型得出相应的效用函数如下。

A 国对资本采取监督策略情况下的平均收益 U_{1a} 为

$$U_{1a}=y\left(H_1-q+g+c+f+w+v\right)+\left(1-y\right)\left(H_1-q+g+c+f+w+v-k_1\right) \tag{6}$$

A 国对资本采取不监督策略情况下的平均收益 U_{2a} 为

$$U_{2a}=y\left(H_1+g+c+f+w+v\right)+\left(1-y\right)\left(H_1+g+c+f+w+v-k\right) \tag{7}$$

A 国的平均收益 $\bar{U}_a$ 为

$$\bar{U}_a=xU_{1a}+\left(1-x\right)U_{2a} \tag{8}$$

A 国的复制动态方程为

$$\begin{aligned}F(x)=\frac{\mathrm{d}x}{\mathrm{d}t}&=x\left(U_{1a}-\bar{U}_a\right)\\&=x\left(1-x\right)\left(U_{1a}-U_{2a}\right)\\&=x\left(1-x\right)\left[k-k_1-q+y\left(k_1-k\right)\right]\end{aligned} \tag{9}$$

B 国选择遵守合作条约时的平均收益 U_{1b} 为

$$U_{1b}=x\left(H_2+g+c+f+w+v\right)+\left(1-x\right)\left(H_2+g+c+f+w+v\right) \tag{10}$$

B 国选择背叛合作条约的平均收益 U_{2b} 为

$$U_{2b}=x\left(H_2+k_1-g-c-f-w-v+s+I\right)+\left(1-x\right)\left(H_2+k-g-c-f-w-v+s+I\right) \tag{11}$$

B 国的平均收益 $\bar{U}_b$ 为

$$\bar{U}_b=yU_{1b}+\left(1-y\right)U_{2b} \tag{12}$$

B 国的复制动态方程可以表示为

$$
\begin{aligned}
F(y) &= \frac{\mathrm{d}y}{\mathrm{d}t} = y\left(U_{1b} - \bar{U}_b\right) \\
&= y(1-y)\left(U_{1b} - U_{2b}\right) \\
&= y(1-y)\left[2(g+c+f+w+v) - s - I - k + x\left(k - k_1\right)\right]
\end{aligned} \tag{13}
$$

通过上述演化博弈模型的分析，可以得出模型可能存在 5 个均衡点，即 E_1（0，0），E_2（1，0），E_3（0，1），E_4（1，1），E_5（s^*，t^*），其中，$s^*=[s+I+k-2\times(g+c+f+w+v)]/(k-k_1)$，$t^*=(k-k_1-q)/(k-k_1)$。

通过上述演化博弈分析得出了 5 个均衡点，均衡点的稳定性可以通过雅克比矩阵来检验。根据上述构建的复制动态方程得到的雅克比矩阵如下：

$$
J=\begin{bmatrix} \dfrac{\partial F(x)}{\partial x} & \dfrac{\partial F(x)}{\partial y} \\ \dfrac{\partial F(y)}{\partial x} & \dfrac{\partial F(y)}{\partial y} \end{bmatrix}
=\begin{bmatrix} (1-2x)\left[k-k_1-q+y\left(k_1-k\right)\right] & x(1-x)\left(k_1-k\right) \\ y(1-y)\left(k-k_1\right) & (1-2y)\left[2(g+c+f+w+v)-s-I-k+x\left(k-k_1\right)\right] \end{bmatrix} \tag{14}
$$

该雅克比矩阵的行列式为 $\det J = \partial F(x)/\partial x \bullet \partial F(y)/\partial y - \partial F(x)/\partial y \bullet \partial F(y)/\partial x$，该雅克比矩阵的迹为 $\mathrm{tr}J = \partial F(x)/\partial x + \partial F(y)/\partial y$。故该非对称演化博弈均衡点的局部演化稳定性的分析结果如表 3 所示。

表 3　非对称演化博弈的雅克比矩阵分析表

均衡点	J 的行列式 det$J$	J 的迹 tr$J$
E_1（0，0）	$[2(g+c+f+w+v)-s-I-k](k-k_1-q)$	$2(g+c+f+w+v)-s-I-k_1-q$
E_2（1，0）	$-[2(g+c+f+w+v)-s-I-k_1](k-k_1-q)$	$2(g+c+f+w+v)-s-I-k-q$
E_3（0，1）	$q[2(g+c+f+w+v)-s-I-k]$	$-2(g+c+f+w+v)+s+I+k-q$
E_4（1，1）	$-q[2(g+c+f+w+v)-s-I-k_1]$	$-2(g+c+f+w+v)+s+I+k_1+q$
E_5（s^*，t^*）	$\{-q(k-k_1-q)[s+I-2(g+c+f+w+v)+k][s+I-2(g+c+f+w+v)+k_1]\}/(k-k_1)^2$	0

对演化博弈结果做局部稳定性分析，考虑以下三种情况，模型的均衡点分析结果如表 4 所示。

表 4　不同情况的稳定均衡点分析

均衡点	情况 1 $2(g+c+f+w+v)-s-I<k<k_1+q$，$q>0$			情况 2 $2(g+c+f+w+v)-s-I<k_1<k-q$，$q>0$			情况 3 $2(g+c+f+w+v)-s-I>k_1$，$q<0$		
	det$J$	tr$J$	稳定性	det$J$	tr$J$	稳定性	det$J$	tr$J$	稳定性
E_1（0，0）	+	−	ESS	−	−	不稳定点	±	+	鞍点
E_2（1，0）	−	−	不稳定点	+	−	ESS	−	±	鞍点
E_3（0，1）	−	±	鞍点	−	±	鞍点	±	±	鞍点
E_4（1，1）	+	+	不稳定点	+	+	不稳定点	+	−	ESS
E_5（s^*，t^*）	+	0	鞍点	−	0	鞍点	±	0	鞍点

对上述分析结果进行数值仿真处理，对于情况 1，设定的初始数值为 g=30，c=10，f=15，w=20，v=40，s=35，I=25，k=200，k_1=180，q=40，仿真分析结果如图 3 所示。

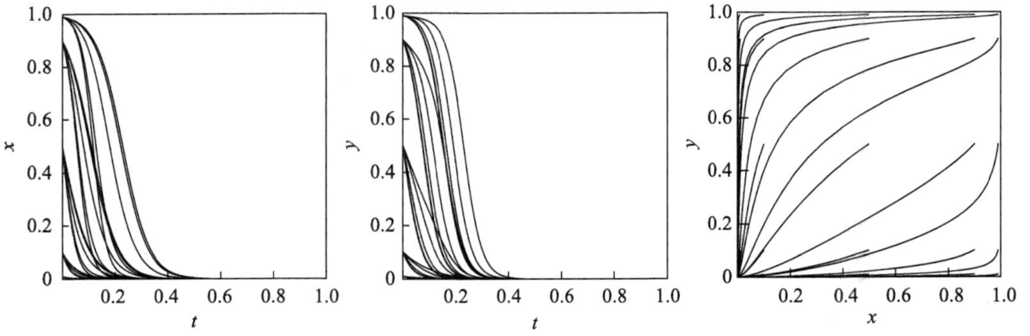

图 3　情况 1 均衡点（0，0）的演化仿真结果

从图 3 的演化仿真结果可以看出，在情况 1 条件下，A 国会选择不对资本进行监督的决策，B 国会选择背叛合作条约的决策，这是一个最不利于各国经济可持续发展和社会稳定的情况。该情况所代表的含义是资本外流的概率较大且国家对资本的管控成本非常高的情况下，稳定策略均衡点倾向（0，0）点。

对于情况 2，设定的初始数值为 g=30，c=10，f=15，w=20，v=40，s=35，I=25，k=200，k_1=180，q=10，仿真结果如图 4 所示。

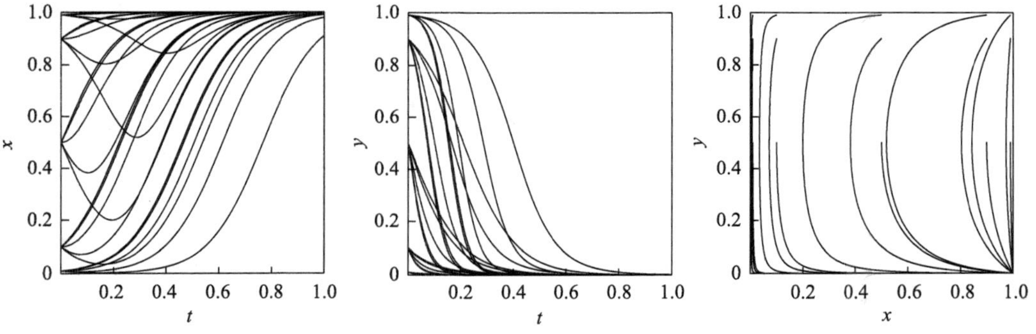

图 4　情况 2 均衡点（1，0）的演化仿真结果

图 4 仿真结果代表的是在情况 2 的条件下，演化均衡点为（1，0），即 A 国加强了对资本的监管程度，而 B 国在合作过程中选择了背叛合作条约的策略。该情况下，资本外流的概率仍然较大，但是国家对资本的监管成本降低。

对于情况 3，设定的初始数值为 g=30，c=10，f=15，w=20，v=40，s=35，I=25，k_1=150，q=−10，仿真结果如图 5 所示。

图 5 代表的是在情况 3 的条件下，演化均衡点为（1，1），即 A 国加强对资本的监管力度，同时 B 国也选择遵守合作条约的策略。在该情况下，一国对资本的监督成本 q 小于 0，表明由两国共同分担监督成本，故在该情况下，资本外流的概率降低，对资本的监督机制效果较好。

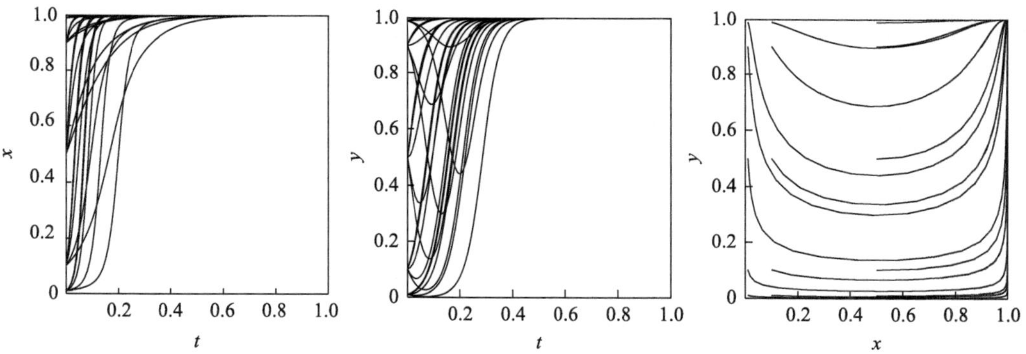

图 5　情况 3 均衡点（1，1）的演化仿真结果

综上所述，由于均衡点需满足 $\det J>0$，$trJ<0$，E_1、E_2 和 E_4 有可能成为均衡点。根据假设条件，在全球化时代，资本要素给一国带来的收益值 k 较大，满足 $2(g+c+f+w+v)-s-I<k$，当监督成本 q 很大，且满足 $k<k_1+q$ 时，除了 E_1 点满足稳定策略均衡点的条件以外，其他点都不满足，即在该情况下，A 国会对资本采取不监督策略，B 国会在合作过程中采取背叛策略。当监督成本 q 较小，满足 $k>k_1+q$ 时，E_2 点成为非对称演化博弈的稳定策略均衡点，A 国将对资本进行监督，B 国将会选择背叛策略。当满足 $q<0$，且 $2(g+c+f+w+v)-s-I>k_1$ 时，E_4 点为稳定策略均衡点，即 A 国对资本采取监督策略，B 国也继续遵守合作条约，资本监督成本和资本依赖性对合作机制的影响如图 6 和图 7 所示。

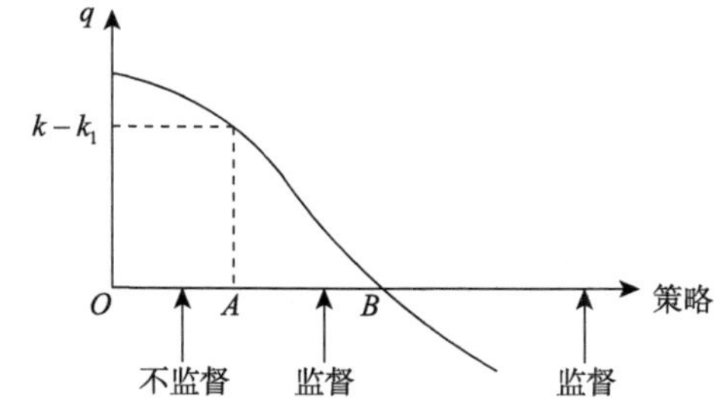

图 6　资本监督成本 q 对合作机制的影响

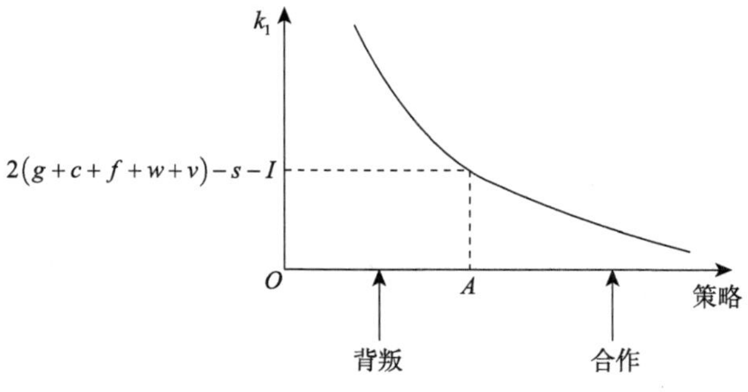

图 7　资本依赖性对合作机制的影响

根据图 6，可以看出对资本的监督成本在合作机制稳定性上发挥重要的作用，当监督成本 q 大于 $k-k_1$ 时，合作机制将会破裂。由图 7 可以看出，一国对资本的依赖性也将

影响到合作机制的稳定性。因此大国间若要实现稳定的合作关系，首先要降低对资本监督所消耗的成本。其次，在监督环境下，也要控制对资本要素的依赖，这样才能实现大国间的有效合作，共同实现经济增长和社会稳定。

六、结　　语

在全球化背景下，资本要素的重要性逐渐凸显，较发达国家因为承担国防费用、国际义务，不得不实施较高税率。欠发达国家不必拥有强大国防，不必承担国际义务，偏向于实施低税率（de Giovanni et al.，2019；Johnson，2015）。如果放任这种行为，高税率国家将受损。大国对低税率国家实施报复制裁，需要付出一定成本，但有助于国家间形成合作博弈。就目前国际形势来看，大国对避税港国家实施的打击力度还是不够强烈，在资本外流速率加快，资本监管力度不严的环境下，“资本减税潮”还将继续发展下去（Ales，2016）。在《21世纪资本论》一书中，法国经济学家皮凯蒂也认为当前各国资本收入比逐渐提高，税收竞争还在继续，社会不平等问题逐渐突出（皮凯蒂，2014；杨春学和张琦，2014）。

通过演化博弈论方法研究，笔者认为在全球化的新经济时代下，国家更应该注重长远的发展。对资本的征税幅度放缓，虽有利于外国资本的流入，但是从更加长远的角度来看，会使社会不平等问题恶化。在演化博弈模型体系中，如果博弈中的两个国家主体都对资本进行减税，那么是无法给国家带来资本和人才的流入的，类比到世界各国，如果世界各国都降低对资本的征税力度，那么这不仅不会给国家带来经济的发展，还会为“社会不平等”状况的加剧埋下祸根，因此一个国家在对资本进行管理的时候，应该根据国家具体的情况，合理制定征税或者减税措施，把握适度原则，同时也应该考虑到国家的长期发展，把经济建设、人才引进和社会稳定结合在一起考虑，努力实现大国博弈模型中的最优均衡点，即不仅实现了国家的经济发展，也避免社会不平等现象的逐渐加剧。同时各国也应尝试更加多元化的发展，减少对资本要素的依赖性，在保证对资本监管效果的同时，逐步降低资本的监督管理成本，实现大国合作共赢的局面。

参考文献

白瑞雪. 2011. 现代演化经济学主要思想述评. 人文杂志，（2）：89-93.

黄凯南. 2009. 演化博弈与演化经济学. 经济研究，44（2）：132-145.

李猛. 2019. 世界“减税潮”的真与假——基于OECD国家数据的实证研究. 中共中央党校（国家行政学院）学报，23（4）：123-130.

刘穷志. 2017. 税收竞争、资本外流与投资环境改善——经济增长与收入公平分配并行路径研究. 经济研究，（3）：61-75.

皮凯蒂 T. 2014. 21世纪资本论. 巴曙松，陈剑，余江，等译. 北京：中信出版社.

万莹. 2016. 税收经济学. 上海：复旦大学出版社.
闫威，肖笛. 2008. 税收竞争与地方公共品供给不足问题研究. 江汉论坛，（7）：73-75.
杨春学，张琦. 2014. 如何看待《21 世纪资本论》对经济学的贡献. 经济学动态，（9）：4-13.
张文春. 2015. 全球性税制变化的趋势分析. 中国人民大学学报，29（6）：10-18.
郑新业，张力，张阳阳. 2019. 全球税收竞争与中国的政策选择. 经济学动态，（2）：31-46.
Ales L. 2016. Comments on "the evolution of wealth inequality over half a century：the role of taxes, transfers and technology" by Barış Kayma-Markus Poschke. Journal of Monetary Economics，77：26-29.
de Giovanni D，Lamantia F，Pezzino M. 2019. A behavioral model of evolutionary dynamics and optimal regulation of tax evasion. Structural Change and Economic Dynamics，50：79-89.
Fang L，Shi G，Wang L，et al. 2020. Incentive mechanism for cooperative authentication：an evolutionary game approach. Information Sciences，527：369-381.
Jiang B，Wang X，Xue H，et al. 2020. An evolutionary game model analysis on emission control areas in China. Marine Policy，118：104010.
Johnson D B. 2015. An American Philosophy of Social Security：Evolution and Issues. Princeton：Princeton University Press.
Xu L，Cao X，Du W，et al. 2018. Effects of taxation on the evolution of cooperation. Chaos，Solitons and Fractals，113：63-68.
You M，Li S，Li D，et al. 2020. Evolutionary game analysis of coal-mine enterprise internal safety inspection system in China based on system dynamics. Resources Policy，67：101673.

地方政府竞争对城市群经济增长的影响分析
——以长三角和京津冀为例

沈炳珍[①] 虞 琪[②]

摘　要：为明确地方政府竞争对城市群经济增长的影响，本文引入博弈论分析框架对地方政府竞争策略进行分析，并依据分析结果，采用异质性面板模型与门槛回归模型对2000~2017年长三角和京津冀两大城市群共38个地级市数据进行回归分析。研究发现，地方政府之间的竞争往往会陷入地方保护的"囚徒困境"并最终抑制城市群整体经济的增长。实证分析在印证这一规律的同时，也揭示了二者存在基于财政支出水平异质性差异的非线性相关特征。

关键词：城市群；地方政府竞争；经济增长；市场分割；门槛效应

中图分类号：F061.5

一、引　　言

城市群作为一种城市聚集形态，具有资源配置效率高、要素集聚度高、经济开放程度高等特征。2016年"十三五"规划建议建立城市群发展协调机制，并更进一步完善该机制，从而加强各区域内城市间的联系，实现城市群的快速发展。2018年国务院明确提出，发展京津冀、长三角等城市群可以有效实现区域的协调发展，以此建立一个通过中心城市带领整个城市群发展、城市群发展进一步推动区域发展的新模式。长三角地区、京津冀地区和粤港澳作为我国目前三大代表性城市群，是国家实行区域协同发展战略的先驱，其中京津冀地区和长三角地区作为华北地区与华东地区的区域中心和经济重心，2019年的地区生产总值之和占全国的32%，2019年二者地区生产总值的增速分别为6.1%和9.8%[③]，处于我国平均水平之上。因此，对这两大城市群的经济增长进行比较研究，不仅有利于这两大地区自身经济实力的提高，同时也为其他城市群的发展提供借鉴。

城市群的发展受到各级政府竞争活动的影响。为承接国际资本和产业的转移，处于

---

① 沈炳珍，女，汉族，江苏无锡人，杭州电子科技大学经济学院教授，研究方向为产业经济学。

② 虞琪，女，汉族，浙江杭州人，杭州电子科技大学经济学院本科生。

③ 根据《中国城市统计年鉴》中的数据计算整理得出。

沿海地区的长三角城市群的地方政府不断地通过调整区域发展战略和政策，陆续推出具备同质化的优惠政策。京津冀三城市地区的“十一五”规划中产业发展方向基本相同，相关优惠政策内容也较为相似，显然三者在资本、资源、政策和环境等方面展开了激烈的竞争。针对这一现象，学者们提出了一些看法，赵会玉（2010）在评述近年来中国经济高速增长所取得成就的原因时发现，在晋升锦标赛的激励下，各级地方政府间展开了有关财政、外商直接投资、基础设施、金融等方面的竞争，有效地积累了资本和劳动力，促进了中国经济的增长。周黎安（2017）、任志成等（2015）也都曾提出，以分税制为主要特征的财政分权和以竞争形式的“晋升锦标赛”为主要特征的地方政府竞争是推动当代中国经济增长的基础。但也有学者对此持怀疑态度，如傅勇和张晏（2007）认为，恶性竞争行为也会对社会经济的发展造成严重的“帕累托效率”损失，抑制经济增长，如地方保护主义、重复建设等恶性竞争行为在一定程度上降低了经济效率，导致了整个社会资源的浪费和社会福利的减少。为对这一矛盾进行进一步分析，本文将对城市群经济增长与地方政府竞争之间的关系进行实证检验，并从地方政府竞争的视角探究不同城市群之间的经济增长规律，明确这一影响的性质和规律，以期为推进城市群的经济建设、区域战略布局等提出有价值的政策建议。

二、文献综述

对城市群经济增长的研究主要集中在要素集聚、产业集聚和城市间分工协作等方面，具体来看，主要包括以下几个方面的内容。

（一）要素集聚

在要素集聚方面，何雄浪和叶连广（2020）利用 2007~2016 年长江经济带城市群 70 个主要城市面板数据，运用空间计量方法得出，投入生产要素的增加会对地区经济增长产生较强的推动作用。曾鹏等（2017）以中国 23 大城市的经验数据为样本，研究了技术进步、人力资本与经济增长之间的关系，发现在我国城市群中技术进步与人力资本呈相互促进关系，技术进步和人力资本都促进了经济的增长。吴福象和刘志彪（2008）以要素流动理论为基础，对长三角城市群的经济增长机制进行分析，发现中心城市吸收大量优质要素，而其他普通要素集中于周边城市，通过要素的流动，资源将得到累积，促进经济增长，提升经济发展的质量。Bertinelli 和 Black（2004）认为，地区间人员流动会把原来地区先进的技能、知识进行传播，产生信息溢出效应，促进经济集聚，而人力资本积累和溢出也驱动经济增长。因此，随着人力资本的积累和知识外溢，单个城市得以发展壮大，城市数量的增加所形成的城市群成为经济增长的重要引擎。

（二）产业集聚

在产业集聚方面，黄文和张羽瑶（2019）通过对中国长江经济带 111 个城市 2007~2016 年的面板数据构建双重差分模型进行分析，研究发现，当生产性服务业集聚程度控制在预估门槛之间时，区域一体化能实现较高质量的经济增长。曾鹏和李洪涛（2017）则通过构造全要素生产率C-D方程，对中国十大城市群的产业集聚及多样化进行实证分析，发现了两者与经济增长之间存在着动态效应，其中，京津冀、长三角和珠三角城市群的产业多样化对经济增长有显著的抑制作用。张云飞（2014）针对山东半岛城市群制造业 2003~2011 年的数据进行门槛效应分析，结果发现，城市群内产业集聚与经济增长之间是非线性的倒U形关系，揭示出过度的产业集聚产生的负外部性将会抑制经济增长。Lanlan 和 Qiang（2017）对旅游产业集聚与区域经济增长的关系进行空间回归模型的偏微分检验，发现两者之间的关系存在空间溢出效应。

（三）城市间分工协作

在城市间分工协作方面，尚永珍和陈耀（2020）利用 2003~2016 年中国十大城市群面板数据，采用固定效应模型对城市群内功能分工与其经济增长之间的关系进行研究并提出，城市群内的分工不会使中心城市和周边城市的经济增长产生分化，反而能显著促进其经济增长。胡艳等（2019）通过对 2007~2017 年长三角城市群 26 个城市进行引力模型分析发现，长三角城市群协同创新有显著的空间溢出效应从而促进地区的经济增长。刘胜等（2019）发现城市群内的功能分工具有削弱“行政区划壁垒”和加强“产城融合效应”等作用，从而促进资源有效配置，提高城市群发展质量。Brakman 等（2012）、Elsner（2013）认为，区域一体化可促进区域内协作，促进地区人口集聚和经济增长。

综上所述，城市群经济增长问题受到了国内外学者的高度重视，并主要通过以上三个视角生动地展示了城市群经济增长过程中城市与城市之间的血脉联系。但从另一角度来看，以上三个因素可能受同一因素干扰——城市间的竞争行为。对要素而言，要素的跨城市流动是市场机制下资源达到有效配置的基础，而地方政府竞争导致的市场分割现象严重地制约着商品和要素的自由流动，造成产出损失和资源配置的扭曲。对产业集聚而言，产业集聚带来的集中生产活动能产生节约资源和提升效率等正向经济效应，而产业集聚及其空间分布不单单是纯粹的市场过程，还将受到地方政府税收政策、投资政策、信贷政策和其他补贴政策的影响。对城市间的分工而言，城市间分工能够有效缓解城市间利益冲突，促进城市之间取长补短、协调发展，从而促进经济增长，而在以经济绩效为核心的地方政府考核机制下，竞争的负溢出效应与合作的正溢出效应导致地方政府间的竞争意愿大于合作意愿。因此，地方政府竞争对城市群的经济增长的影响的研究，在一定程度上是对三类视角的有机整合。基于此，本文从地方政府竞争的角度来分析城市群的经济增长效应，着重对长三角与京津冀两大城市群经济增长效应的区域异质性进行比较分析，并针对估计结果，就如何进一步促进这两大城市群经济协调、高效发展提供相关政策建议。

三、地方政府竞争性博弈对城市群经济增长的影响分析

在要素禀赋分布不均和经济发展程度差异等空间差异条件下，各地区地方政府有动力采取竞争性产业政策以促进地区经济发展，这可能导致市场分割现象的出现。市场分割将阻碍要素依据市场机制进行流通以实现帕累托有效配置，故其可能是制约地区做大经济规模、强化区际联系、实现经济发展正外部效应的重要因素。基于以上逻辑，在参考学者们已有研究的基础上，本文试图建立地方政府与厂商之间的行为博弈模型，分析地方政府分别在对抗竞争和合作竞争情况下的决策行为，并针对地方政府竞争性博弈行为对城市群经济增长的影响进行评估。

（一）博弈参与者行为分析

地方政府竞争对城市群经济增长的影响效果取决于地方政府与地方政府管辖区域内厂商的博弈。

1. 地方政府行为分析

同一地区按照行政区划存在多地多个地方政府，各地方政府有一定决策权。每个地方政府追求的是政治利益最大化，反映在经济上是实现本辖区的财政收入最大化。地方政府在财政分权改革的背景下，因为中央的预算决策权下放，地方政府与中央签订了财政包干合同，增加了辖区财政收入，地方政府留存的越多，对地方政府的激励作用就越强，地方政府越有充分的动机去保护自己所辖区域的市场，扶持民营企业，促进当地经济增长。因此，地方政府既可能采用竞争性的产业政策使得产业资源在本地集聚，也可能采用合作性的产业政策使资源在城市之间自由流动，以此来扩大本地区的经济规模从而带来本地区的经济增长。

2. 厂商行为分析

假设厂商提供的产品不存在大的质量差异、品牌溢价等差异化因素且不存在消费的网络效应，把消费者对产品的选择倾向集中在相对价格这一因素上。厂商追求的是自己的利润最大化。地方政府的抉择得到的结果依赖于厂商对于地方政府政策的反应。

（二）博弈的均衡过程分析

本文假定地方政府之间进行的是同时博弈，地方政府的行为是出于对企业最终活动的预期，企业的行为决定了地方政府采用竞争性产业政策还是合作性产业政策，同时地方政府间的竞争也影响到地方政府的决策所实现的最终实际收益，因此地方政府在采取产业政策时应同时考虑厂商和其他地方政府的行为，对此，本文分别对单个地方政府选

择竞争性产业政策的收益情况及多个地方政府选择竞争性产业政策的收益情况进行分析，分析过程如下。

假设地方政府 A、地方政府 B 与其管辖区域的厂商 1、厂商 2 独立决策，两厂商生产同一种产品，并分别在两区域内销售，各辖区的厂商处于局部完全垄断与寡头竞争状态且不存在合谋行为，现存在如下假设：

第一，两个厂商的边际成本相同，皆为 c。两区域生产厂商生产的产品同质，由于在寡头市场中，双方供给需求都是富有弹性的，定价互相依赖，在不断均衡协调的过程中产品质量呈现一致变化趋势，未能跟随这一趋势的厂商将被市场淘汰，故这一假设与现实相符。

第二，每个区域的线性反市场需求函数为 $P=a-bQ$。现实生活中需求受价格影响的复杂性和不规律性决定了需求曲线是不规则的，本文假定供需关系是线性相关的，即产量 Q 变动一单位会使价格 P 变动 $-b$ 单位。同时在该市场中平均可变成本是一个行业基准线 a，若市场价格低于 a 则供给不足，故这一假定与现实相符。

第三，厂商需承担地方政府向其征收的从量税，税率为 t。扩大地区的经济规模能够提高地方政府的财政收入，因此可以用从量税来构建经济规模与财政收入之间的关系，这与现实经济情况并不相悖。

在上述假设下，我们提出以下假说：

（1）当两个地方政府都不采取竞争性产业政策时，厂商们可以自由进出对方市场，那么两个厂商就会在每个市场上进行古诺博弈。此时，可以列出厂商 1 的利润最大化函数：

$$\max_{q_1} \pi_1 = \left(a - bQ - c - t\right) q_1 = \left(a - bq_2 - bq_1 - c - t\right) q_1$$

根据一阶条件：$\dfrac{\partial \pi_1}{\partial q_1} = 0$，

可得厂商 1 的反应函数为 $q_1 = \dfrac{a-c-t}{2b} - \dfrac{1}{2} q_2$，

同理可得厂商 2 的反应函数为 $q_2 = \dfrac{a-c-t}{2b} - \dfrac{1}{2} q_1$，

综合二者的反应函数可以得出纳什均衡解为 $q_1 = q_2 = \dfrac{a-c-t}{3b}$，

每个厂商的总产量（经济总量）为 $Q_1 = Q_2 = \dfrac{2\left(a-c-t\right)}{3b}$，

则每一政府的税收为 $T_{\mathrm{A}} = T_{\mathrm{B}} = \dfrac{2t\left(a-c-t\right)}{3b}$，

根据政府追求税收最大化原则，可得一阶条件为 $\dfrac{\partial T_{\mathrm{A}}}{\partial t} = \dfrac{\partial T_{\mathrm{B}}}{\partial t} = 0$，

由此得出地方政府的最优税率水平 $t_{\mathrm{A}}^* = t_{\mathrm{B}}^* = \dfrac{a-c}{2}$，

最后计算出地方政府的最优税收为 $T_{\mathrm{A}}^* = T_{\mathrm{B}}^* = \dfrac{\left(a-c\right)^2}{6b}$。

（2）若只有地方政府 A 实行竞争性产业政策，A 区域的产业资源集聚，而 B 区域的

资源无法流入A区域，但由于地方政府B并没有采取竞争性产业政策，故A区域的资源可以自由流动进入B区域。在这种情况下，厂商1在本地处于垄断地位，同时又可以进入B区域与厂商2进行古诺竞争。此时，厂商1在A市场的销售量为$q_1'=\dfrac{a-c-t}{2b}$，在B市场的销售量为$q_1=\dfrac{a-c-t}{3b}$，因此厂商1的总产量为$Q_1=q_1+q_1'=\dfrac{5(a-c-t)}{6b}$，厂商2的总产量为$Q_2=q_1=\dfrac{a-c-t}{3b}$。则每一政府的税收为$T_{\text{A}}=\dfrac{5t(a-c-t)}{6b}$，$T_{\text{B}}=\dfrac{t(a-c-t)}{3b}$。

根据政府追求税收最大化原则，可得一阶条件为$\dfrac{\partial T_{\text{A}}}{\partial t}=\dfrac{\partial T_{\text{B}}}{\partial t}=0$，

由此得出地方政府的最优税率水平$t_{\text{A}}^*=t_{\text{B}}^*=\dfrac{a-c}{2}$，

最后计算出地方政府的最优税收为$T_{\text{A}}^*=\dfrac{5(a-c)^2}{24b}$，$T_{\text{B}}^*=\dfrac{(a-c)^2}{12b}$。

（3）若只有地方政府B实行竞争性产业政策，由于地方政府与厂商都是同质的，故这种情况下的结果与“只有地方政府A实行竞争性产业政策”的结果相对称。地方政府的最优税收为$T_{\text{A}}^*=\dfrac{(a-c)^2}{12b}$，$T_{\text{B}}^*=\dfrac{5(a-c)^2}{24b}$。

（4）地方政府A和地方政府B都实行竞争性产业政策。在这种情况下，两地的产业资源都聚集在本地而无法自由流动进入对方区域，两个厂商都在各自的区域内处于垄断地位，因此可以得出二者的产量为$Q_1=Q_2=q_1'=\dfrac{a-c-t}{2b}$。

地方政府的最优税率水平依然为$t_{\text{A}}^*=t_{\text{B}}^*=\dfrac{a-c}{2}$，

最后计算出地方政府的最优税收为$T_{\text{A}}^*=T_{\text{B}}^*=\dfrac{(a-c)^2}{8b}$。

根据以上分析，本文得出地方政府博弈矩阵（图1），其中“是”代表采取竞争性产业政策，“否”代表不采取竞争性产业政策。不难发现，该博弈存在唯一的纳什均衡解（是，是），即地方政府A与地方政府B都采取竞争性产业政策。可见，地方政府采取竞争性产业政策是地方政府的理性选择。

地方政府A \ 地方政府B	是	否
是	$\left[\dfrac{(a-c)^2}{8b},\dfrac{(a-c)^2}{8b}\right]$	$\left[\dfrac{5(a-c)^2}{24b},\dfrac{(a-c)^2}{12b}\right]$
否	$\left[\dfrac{(a-c)^2}{12b},\dfrac{5(a-c)^2}{24b}\right]$	$\left[\dfrac{(a-c)^2}{6b},\dfrac{(a-c)^2}{6b}\right]$

图1 地方政府博弈矩阵

通过观察博弈矩阵，我们可以发现这是一个典型的“囚徒困境”博弈模型，A 和 B 都有动机偏离（否，否）这一实现地方政府总税收最大化的策略集，A、B 两地方政府基于理性所选择的竞争性产业政策并不能达到税收最大化。

纳什均衡时，两厂商的产量（经济总量）为$Q=\frac{a-c-t}{2b}$，而他们各自达到自己税收最大化时的产量（经济总量）为$Q'=\frac{5(a-c-t)}{6b}$，因此损失的经济总量为$\Delta Q=\frac{a-c-t}{3b}$。

（三）博弈结果评价与推论的提出

城市群间的地方政府并不是孤立的，地方政府的竞争必然会影响地方经济增长的实际效果，而这样的结果有好有坏，当单个政府采取竞争性产业政策时，将促进该地区的经济增长，但整个城市群的经济总量却比各政府间合作时下降了；而当多个政府都采取竞争性产业政策时，不仅该地区的经济增长受到抑制，整个城市群的经济发展也受到了影响。

根据博弈结果，可以得出以下假说。

假说 1：地方政府竞争将抑制城市群经济的增长。

假说 2：地方政府竞争激烈程度不同，对城市群经济增长的影响效果也不同。

下面本文将利用相关数据对以上假说进行检验。

四、实证分析

（一）模型的选取

经过上文的分析，可见地方政府竞争是一个不容忽视的问题，对城市群的经济发展将产生重要影响。本部分将基于一个经济增长的框架来验证地方政府竞争是否真的对经济增长产生了抑制作用，此外还将考察其对不同城市群经济增长的异质性影响。

1. 基准模型：地方政府竞争对城市群经济增长的线性影响作用

本文采用面板广义最小二乘法，以京津冀和长三角城市群 2000~2017 年的数据为研究样本，考察地方政府竞争对城市群经济增长的作用。由理论分析可知，地方政府竞争将抑制城市群的经济增长，基于这一结论，为验证其影响效应，本文构建如下回归模型：

$$\text{lngdp}_{it}=\alpha_0+\alpha_1\text{segm}_{it}+\alpha_2X_{it}+\varepsilon_{it}$$

其中，lngdp 用以衡量经济增长，表示实际人均地区生产总值的对数；segm 用以衡量地方政府竞争程度，表示市场分割程度；X表示一系列控制变量；i表示各地级市截面单位；t 表示年份；ε_{it} 表示随机扰动项。所有回归变量设定及其数据来源如表 1 所示。此外，本文还对总样本及长三角、京津冀两大城市群的分样本进行了描述性统计，结果见表2和表3。

表1　回归变量设定及其数据来源

变量	变量名称	数据来源
lngdp	实际人均地区生产总值的对数	《中国城市统计年鉴》（2001~2019年）
segm	市场分割程度	《江苏省统计年鉴》《浙江省统计年鉴》《河北省经济统计年鉴》（2001~2019年）
labor	就业人口占比	《中国城市统计年鉴》（2001~2019年）
trade	贸易开放度	《中国城市统计年鉴》（2001~2019年）
invest	固定资产投资增速	《中国城市统计年鉴》（2001~2019年）
indus	产业结构	《中国城市统计年鉴》（2001~2019年）
reven	地方政府财政支出增速	《中国城市统计年鉴》（2001~2019年）

表2　总样本描述性统计

变量	观测值	均值	标准差	最小值	最大值
lngdp	684	7.254	1.048	4.677	10.29
segm	684	0.002	0.004	0.000 6	0.032
labor	684	0.972	0.021	0.590	0.999
trade	684	0.004	0.004	0.000 2	0.053
invest	684	0.226	0.535	−0.899	10.58
indus	684	0.444	0.100	0.002	0.802
reven	684	0.187	0.158	-0.915	0.908

表3　分样本描述性统计

变量	长三角地区					京津冀地区				
	观测值	均值	标准差	最小值	最大值	观测值	均值	标准差	最小值	最大值
lngdp	450	7.313	1.102	4.677	10.292	234	7.160	0.958	5.037	9.380
segm	450	0.002	0.002	0.000 6	0.018	234	0.003	0.006	0.001	0.031
labor	450	0.973	0.222	0.590	0.995	234	0.968	0.016	0.887	0.999
trade	450	0.005	0.004	0.000 2	0.053	234	0.003	0.003	0.001	0.017
invest	450	0.210	0.522	−0.899	10.58	234	0.256	0.559	−0.289	5.365
indus	450	0.436	0.076	0.002	0.698	234	0.459	0.133	0.002	0.802
reven	450	0.194	0.164	−0.915	0.907	234	0.173	0.142	−0.409	0.879

2. 门槛模型：基于财政收入的总体差异修正

基准模型忽略了地方政府竞争对城市群经济增长的影响既可能是线性的，也可能是非线性的。门槛模型是非线性计量方法的重要代表之一，可以自动检测和确定门槛值的分组检验方法，为本文提供了适当的分析工具。已有众多研究表明，财政支出与经济增长之间存在相互影响的内生性关系，财政支出从直接需求和公共服务供给等方面将促进地区经济增长，而地区经济增长反过来又为财政支出创造财力基础。因此，本文还将选取地方财政支出增速（reven）作为门槛变量，利用Hansen门槛面板回归模型，定量分析市场分割程度对城市群经济增长的影响效应。

$$Y_{it}=\alpha_1\text{reven}_{it}I\left(\text{reven}\le\gamma_1\right)+\alpha_2\text{reven}_{it}I\left(\text{reven}>\gamma_2\right)+\theta_nZ_{it}+\eta_i+e_{it}$$

其中，i 和 t 表示地区和时期；reven_{it} 表示门槛变量；γ 表示门槛值；$I(\cdot)$ 表示指标函数，若条件满足，括号中的取值为 1，反之，取值为 0；Z_{it} 表示解释变量和控制变量；α_1、α_2、θ_n 表示待估参数；η_i 表示各地级市的截面个体效应是不随时间进行变动的；$e_{it}\sim\text{iid.N}\left(0,\sigma^2\right)$。

（二）主要解释变量指标选取

1. 市场分割程度 segm

地方政府追求财政收入最大化的目标，制定相应的竞争性产业政策，其结果会导致市场分割，要素在各地区之间无法自由流动。本文借鉴陆铭和陈钊（2009）的方法，用相对价格指数法衡量长三角及京津冀城市群各城市市场分割程度，计算公式如下：

$$\Delta Q_{ijt}^k=\ln\left(P_{it}^k\right)-\ln\left(P_{jt}^k\right)$$

$$\text{Var}\left(q_{ijt}^k\right)=\text{Var}\left(\left|\Delta Q_{ijt}^k\right|-\left|\overline{\Delta Q_{ijt}^k}\right|\right)$$

其中，P 表示商品零售价格指数；i、j 表示不同地区；k 表示第 k 种商品；$\overline{\Delta Q_{ijt}^k}$ 表示第 k 种商品相对价格的均值。

2. 控制变量 X

（1）就业人口占比：本文用该地区就业人口总数占总人口数量（labor）来表示，经济增长往往表现为就业岗位的不断增多，因此本文引入就业人口占比这一指标来控制劳动力对经济增长的影响。

（2）贸易开放度：本文用对应地级市的进出口贸易总额占 GDP（gross domestic product，国内生产总值）比重（trade）来度量，以反映各个地级市的贸易开放程度，按当年美元对人民币的汇率进行折算，贸易开放度影响着地区经济的发展活力，因此应作为控制变量之一。

（3）产业结构：本文用第三产业的总产值占 GDP 的比重（indus）来表示，第三产业点多、面广、小而分散，且易于吸纳劳动力，在解决就业问题、开辟发展新市场、满足人们多元化精神生活等方面都有举足轻重的作用，它的发展情况与国民经济发展水平和质量息息相关。

（4）政府财政支出增速：本文采用地方财政支出增速（reven）这一控制变量，已有大量研究表明财政支出从直接需求和公共服务供给等方面影响地区经济增长。

（5）固定资产投资增速：本文采用固定资产投资增速（invest）来衡量各省投资的间接指标，大量研究表明，投资在促进各地经济增长过程中呈现出一定的规律和特点，因此应该将其作为控制变量加入模型内。

为避免多重共线性造成的误差，本文对解释变量之间的相关性做了分析（表 4），各变量之间的 Pearson 相关系数都小于 0.3，因此可以认为各解释变量间不存在多重共线性。

表 4 相关性分析

变量	segm	labor	trade	invest	indus	reven
segm	1.000 0					
labor	−0.002 6	1.000 0				
trade	0.031 2	−0.064 2	1.000 0			
invest	−0.034 9	0.113 9	−0.048 5	1.000 0		
indus	0.000 5	0.264 4	0.299 8	−0.104 2	1.000 0	
reven	0.052 4	0.086 9	−0.052 3	−0.076 9	−0.098 7	1.000 0

（三）面板数据的单位根检验

本文采用两种方法检测数据平稳性——相同根情形下的 LLC 检验和不同根情形下的 IPS 检验。两种方法的检测结果都拒绝了存在单位根的原假设，可见各变量都是水平平稳的，无须协整检验便可进行建模（表 5）。

表 5 单位根检验

变量名	LLC 检验		IPS 检验		是否平稳
	统计量	*P* 值	统计量	*P* 值	
lngdp	−8.712 9	0.000 0	−2.876 3	0.002 0	是
segm	−11.542 0	0.000 0	−6.221 8	0.000 0	是
labor	−7.391 2	0.000 0	−3.620 5	0.000 1	是
trade	−10.020 3	0.000 0	−5.135 9	0.000 0	是
invest	−11.830 6	0.000 0	−8.336 4	0.000 0	是
indus	−3.351 8	0.000 4	−13.626 7	0.000 0	是
reven	−9.355 6	0.000 0	−6.345 6	0.000 0	是

五、实证结果分析

（一）总体样本分析

模型一以长三角与京津冀两大区域为整体，采用面板广义最小二乘法考察市场分割程度对总体经济增长情况的影响。由表 6 可知，市场分割程度（segm）在 5%的水平下显著，且系数为负，说明随着市场分割程度增加，城市群的经济增长将下降，即地方政府竞争对城市群经济增长有一定抑制作用。因此假说 1 成立。地方政府不恰当的竞争行为将造成市场分割现象，而市场分割的存在将从以下方面阻碍经济增长：第一，抑制要素自由流动，降低地区资源配置的效率，导致社会技术进步的速度降低、社会资本积累速度减慢；第二，形成地区贸易壁垒，各种要素不能得到有效流动，将极大程度加大市场的交易成本；第三，扩大地区发展差距和人均收入差距；第四，减小当地企业的发展空间，市场分割将使得国内市场缩小，企业纷纷转向国外发展。因此，市场分割即市场一体化程度降低会阻碍经济的发展。

表 6　回归结果

变量	模型一	模型二		模型三	模型四
	整体 FGLS 回归	整体门槛回归		长三角地区 FGLS 回归	京津冀地区 FGLS 回归
		reven≤0.22	reven＞0.22		
segm	−12.98** (−2.52)	13.94* (1.91)	−46.90*** (−5.11)	11.12** (2.07)	−76.79*** (−8.87)
trade	53.07*** (8.29)	35.33*** (5.82)	35.33*** (5.82)	126.9*** (6.42)	36.47*** (5.99)
reven	−1.293*** (−8.23)	−0.937*** (−7.31)	−0.937*** (−7.31)	−1.117*** (−3.98)	−0.594*** (−3.36)
invest	0.244*** (4.47)	0.106*** (3.15)	0.106*** (3.15)	0.202*** (4.08)	0.268* (2.36)
labor	12.75*** (8.71)	5.264*** (5.41)	5.264*** (5.41)	7.495** (2.84)	14.54*** (9.36)
indus	3.870*** (21.85)	3.400*** (11.77)	3.400*** (11.77)	2.802*** (8.87)	5.684*** (20.26)
_cons	−6.778*** (−4.81)	0.879 (0.93)	0.879 (0.93)	12.97*** (5.12)	−9.156*** (−6.01)
N	684	684	684	450	234

*、**、***分别表示在10%、5%、1%的水平上显著

注：括号中为t统计值

此外，就业人口占比在 1%的水平下显著为正，说明京津冀和长三角城市群劳动力聚集优势明显，在整体上推动了经济的增长；贸易开放度在 1%的水平下显著为正，说明随着分工的深化和发展，这两大城市群在进出口贸易活动上都较为频繁，而贸易开放为推动经济的增长做出了一定的贡献；固定资产投资增速在 1%的水平下显著为正，可见投资作为拉动经济增长的三驾马车之一，其地位是举足轻重的；产业结构也在 1%的水平下显著为正，说明从整体上看第三产业发展相当迅猛，第三产业的持续发展会吸纳劳动力的进入，促进整体经济总量的提升。

政府财政支出增速则在 1%的水平下显著为负，说明从总体上来看，地方政府的财政支出在一定程度上阻碍了经济的发展。因为财政支出与财政收入之间是正相关关系，财政支出越多，一方面会提高内需总量；另一方面也会挤占投资和私人消费，对经济发展产生负面影响，此时的挤占效应大于其带来的产值增加效应，所以呈现负系数。这与供给学派的观点是一致的——长期来看，过度的政府干预使市场不能充分发挥“无形之手”的作用，阻碍资源合理流动，从而抑制经济增长。

（二）门槛结果分析

门槛检验的结果如模型二所示：该模型具有显著的单门槛效应——在5%的显著性水平下，地方政府财政支出增速（reven）通过了门槛检验。地方政府财政支出增速（reven）的门槛值为 0.22。因此，市场分割程度对经济增长的影响可划分为财政支出增速较低阶段（reven≤0.22）和财政支出增速较高阶段（reven＞0.22）。

我们可以得出如下结论：当某区域处于财政支出增速较低阶段时，市场分割能在一定程度上促进经济增长，而随着财政支出的增速达到一定程度，市场分割程度的增加将抑制经济的增长，因此假说2成立，即当地方政府财政支出增速较低时，市场分割在一定程度上保护了当地企业的发展，促进了当地的经济增长，而当地方政府财政支出较高时，市场分割阻碍了城市间要素的自由流动、提升了城市间的贸易壁垒，在一定程度上阻碍了当地经济水平的提升。

（三）区域异质性分析

模型三和模型四分别考察长三角与京津冀两大城市群的市场分割程度与经济增长的关系。

从模型三可以观察到，对长三角城市群来说，其市场分割程度（segm）处于门槛前，且在5%的水平下，其对城市群经济增长的影响显著为正，说明对长三角城市群来说，地方政府间的竞争能在一定程度上拉动其经济增长。长三角城市群在我国经济建设中有着举足轻重的地位，由于产业结构趋同、环境污染等经济负外部性问题及土地低价出让等原因，各城市之间的竞争从未停止过，但它们之间的合作也从未停止，各城市相互学习、取长补短、不断创新，各城市竞相加快自己的环境、能源、交通等建设，不断意识到跨区域的高效协调发展的重要性，如建立长江三角洲城市经济协调会，成立沪苏浙省市长座谈会制度，实现更好的协调发展、优势互补、互利共赢。

从模型四可以看出，对于京津冀城市群来说，市场分割程度（segm）对城市群经济增长的影响在1%的水平下显著为负（门槛后），说明在京津冀城市群，地方政府间的竞争形成的市场分割现象已显著阻碍经济水平的提升。虽然目前京津冀城市群已意识到合作的重要性，但仍存在一些障碍。首先，缺少合作动力，京、津两地在经济上的优势显著，因此在合作的过程中积极性不如河北；其次，缺少相应的利益分配机制，虽然京津冀地区目前有环渤海地区经济联合市长联席会等平台，但该市长联席会只是用于交流，不具有权威的利益分配机制；最后，由于地方政府部门以外的利益相关者的配合程度不够，如在产业结构调整的过程中，是需要大量相关企业配合的。

（四）稳健性检验

为验证估计结果的稳健性，本文采用控制时间的固定效应对样本进行估计。表7显示的是三大样本的稳健性估计结果，通过比较可以发现，解释变量的系数符号与显著性基本一致，这佐证了面板广义最小二乘法估计结果的稳健性。

表 7　控制时间的固定效应稳健性检验

变量	模型一	模型三	模型四
	整体 FGLS 回归	长三角地区 FGLS 回归	京津冀地区 FGLS 回归
segm	−1.407** (−2.3)	9.36** (2.57)	−7.929*** (−5.27)
trade	2.916*** (3.51)	6.644** (2.03)	1.975** (2.48)
reven	−0.072*** (−4.24)	−0.083*** (−2.24)	−0.068*** (−3.71)
invest	0.008* (1.88)	0.014* (1.86)	0.273* (2.46)
labor	0.523*** (4.48)	0.690* (1.76)	13.24*** (8.26)
indus	3.720*** (20.95)	2.932*** (7.97)	4.634*** (19.36)
_cons	−5.791*** (−50.14)	10.37*** (4.17)	−8.236*** (−7.03)
N	684	450	234

*、**、***分别表示在10%、5%、1%的水平上显著

注：括号中为t统计值

六、总结与建议

本文基于 2000~2017 年长三角和京津冀地区 38 个地级市的面板数据，对地方政府竞争与城市群经济增长的关系进行了实证分析，并分析了地区异质性。主要结论如下：第一，各地政府“为增长而竞争”导致的城市群经济增长只在一定范围内有效；第二，在政府竞争导致的市场分割现象严重时，注重市场一体化发展能有效促进城市群经济增长。但本文仍存在以下缺陷和不足，以待进一步研究：首先，在理论分析部分，部分假设是可以再放宽的；其次，在实证分析部分还有进一步深入的空间，具体的影响机制还可进一步探索和深挖。

为了城市群经济能够可持续增长，本文认为：第一，要正确处理好市场与地方政府间关系，减少地方政府对市场的非理性干预；第二，各区域间的联系有待加强，应多促进跨地区、跨空间的交流和合作，促进产业链的分工合理化，凝心聚力谋求合作，共同打造一体化城市群；第三，优化区域发展战略及其政策的执行效果，推进制度红利进一步释放。

参考文献

邓晓兰，刘若鸿，许晏君. 2019. 经济分权、地方政府竞争与城市全要素生产率. 财政研究，（4）：23-41.

傅勇，张晏. 2007. 中国式分权与财政支出结构偏向：为增长而竞争的代价. 管理世界，（3）：4-12，22.

何雄浪，叶连广. 2020. 长江经济带城市群经济关联、空间溢出与经济增长. 现代财经（天津财经大学学报），40（1）：16-28.

胡艳，潘婷，张桅. 2019. 一体化国家战略下长三角城市群协同创新的经济增长效应研究. 华东师范大学学报（哲学社会科学版），51（5）：99-106，239.

胡艳，唐磊，蔡弘. 2018. 城市群内部城市间竞争和合作对城市经济发展的影响——基于空间溢出效应对长三角城市群的实证检验. 西部论坛，28（1）：76-83.

黄文，张羽瑶. 2019. 区域一体化战略影响了中国城市经济高质量发展吗？——基于长江经济带城市群的实证考察. 产业经济研究，（6）：14-26.

刘胜，顾乃华，李文秀，等. 2019. 城市群空间功能分工与制造业企业成长——兼议城市群高质量发展的政策红利. 产业经济研究，（3）：52-62.

陆铭，陈钊. 2009. 分割市场的经济增长——为什么经济开放可能加剧地方保护？经济研究，44（3）：42-52.

钱颖一. 2009. 重新定位政府与市场边界. 今日国土，（3）：16，31.

任志成，巫强，崔欣欣. 2015. 财政分权、地方政府竞争与省级出口增长. 财贸经济，（7）：59-69，108.

尚永珍，陈耀. 2020. 城市群内功能分工有助于经济增长吗？——基于十大城市群面板数据的经验研究. 经济经纬，37（1）：1-8.

吴福象，刘志彪. 2008. 城市化群落驱动经济增长的机制研究——来自长三角 16 个城市的经验证据. 经济研究，43（11）：126-136.

曾鹏，李方犁，吴功亮. 2017. 技术进步、人力资本与经济增长关系的实证检验. 统计与决策，（21）：112-116.

曾鹏，李洪涛. 2017. 中国十大城市群产业结构及分工比较研究. 科技进步与对策，34（6）：39-46.

张云飞. 2014. 城市群内产业集聚与经济增长关系的实证研究——基于面板数据的分析. 经济地理，34（1）：108-113.

赵会玉. 2010. 地方政府竞争与经济增长：基于市级面板数据的实证检验. 制度经济学研究，（1）：25-43.

周黎安. 2017. 转型中的地方政府：官员激励与治理. 2 版. 上海：格致出版社.

Bertinelli L，Black D. 2004. Urbanization and growth. Journal of Urban Economics，56（1）：80-96.

Brakman S，Garretsen H，Marrewijk C V，et al. 2012. The border population effects of EU integration. Journal of Regional Science，52（1）：40-59.

Elsner B. 2013. Does emigration benefit the stayers? Evidence from EU enlargement. Journal of Population Economics，26（2）：531-553.

Lanlan L，Qiang Y. 2017. Spatial econometric analysis of the relationship between Chinese tourism industry agglomeration and economic growth. Agro Food Industry Hi-Tech，28（1）：2754-2758.